Mario Persona

# Gestão de Mudanças em Tempos de Oportunidades

**Outros livros por Mario Persona:**

*Crônicas de uma Internet de Verão*

*Receitas de Grandes Negócios*

*Marketing Tutti Frutti*

*Marketing de Gente*

*Dia de Mudança*

*Moving ON (inglês)*

Mario Persona

# Gestão de Mudanças em Tempos de Oportunidades

*Coletânea de crônicas para mudanças agudas.*

Segunda Edição — 2009

contato@mariopersona.com.br
**www.mariopersona.com.br**

**Este livro pode ser encontrado nos seguintes endereços:**

**http://stores.lulu.com**

**http://www.amazon.com**

**http://www.clubedeautores.com.br**

# Índice

# Prefácio

É FÁCIL EXPLICAR A RAZÃO de minha satisfação em prefaciar este livro de gestão de mudanças. Minha amizade com Mario Persona começou em 1997, na Rockwell Fumagalli, indústria automotiva da qual eu era diretor. Na ocasião Mario me assessorava na tradução de um texto para uma palestra que eu faria para executivos da indústria automobilística nos Estados Unidos. O tema era justamente uma filosofia de gestão de mudanças que criei e está hoje difundida em mais de cento e trinta grandes empresas em todo o mundo.

A filosofia, que denominei *"O Poder da Camisa Branca"* e transformei em livro, tem por princípio a dignidade que é devida a todo ser humano. Visando eliminar o abismo existente entre líderes e liderados nas empresas, aborda as principais falhas da administração tradicional, onde poucos mandam e muitos obedecem. O segredo está em motivar todos os cérebros existentes na organização a entrarem em ação. As pessoas da primeira empresa que adotou essa filosofia de gestão de mudanças fizeram dela uma das melhores indústrias do mundo em seu segmento. No momento em que escrevo, ela ainda permanece entre as cem empresas citadas pela revista Exame como as melhores do país para se trabalhar.

Por tudo isso, considero um prazer prefaciar *"Gestão de mudanças em tempos de oportunidades"*, principalmente pela elevada dose de respeito ao elemento humano que o texto apresenta. Os livros de Mario Persona têm ocupado um espaço em minha mesa de trabalho e sempre que posso escolho um de seus capítulos para ler. Além de altamente instrutivos, servem como lenitivo nos momentos de estresse, graças à maneira como traz, com graça e descontração, informações preciosas para o desenvolvimento pessoal e profissional.

Este livro aborda um assunto sério e de suma importância, principalmente para o momento em que vivemos. Contudo, como já se tornou marca registrada de Mario Persona, o texto esbanja o estilo interiorano de um hábil contador de "causos", rico em histórias, parábolas e analogias. O autor aborda, até com uma pitada de irreverência, a aversão que todo ser humano tem por mudanças, seu pavor pelos obstáculos que deve transpor e a perplexidade diante do desconhecido. A intenção é ajudar o leitor a enfrentar todas essas dificuldades e a encarar as crises como portais de oportunidades.

Mudar é algo que muitas pessoas querem fazer, porém não sabem como, talvez por não enxergarem claramente o valor e a sabedoria que resultam das mudanças. Em suas linhas e principalmente nas entrelinhas este livro nos ajuda a encarar as mudanças de frente, com a consciência de quem sabe da necessidade de mudar sempre, com uma visão clara dos benefícios disso em um mercado cada vez mais exigente. Com a sutileza e delicadeza que lhe são peculiares, o autor mostra que mudar é mais que uma obrigação. É uma questão de sobrevivência, como revela até mesmo nosso planeta, palco de mudanças implacáveis ao longo da história.

A cada grande alteração do ambiente em que estavam inseridas, as espécies acabavam se posicionando em dois grupos: as que mudavam e as que não se adaptavam e acabavam perecendo. Hoje as mudanças acontecem muito mais rapidamente do que nas eras passadas, e são aceleradas a ponto de se tornarem parte de nosso cotidiano. Aqueles que as percebem, assimilam e se adaptam a elas são os homens e mulheres que estão escrevendo a história do fabuloso desenvolvimento na indústria e nos negócios nos últimos anos. Os outros simplesmente desaparecem do mercado.

Lembro-me da palestra proferida pelo reitor de uma universidade do Rio de Janeiro, na qual enfatizava a influência da mudança no ensino. Já não era possível, como ocorria antigamente, entregar ao mercado um engenheiro pronto. O diploma já não tinha mais o mesmo significado que teve no passado, quando o formando deixava as salas de aulas para nunca mais voltar. A dinâmica das mudanças no conhecimento humano é hoje um processo permanente. Por isso qualquer profissional que não queira se transformar em espécie em extinção precisa viver em estado de aprendizado contínuo.

Estou convicto de que esta coletânea de crônicas de Mario Persona traz a essência necessária para conquistar o leitor e fazê-lo perceber a importância das mudanças. Mudar é preciso e vital para qualquer profissional atuante no momento presente. Principalmente aqueles que têm o desejo de participar do futuro.

***Antonio Guerreiro Filho***

*Empresário, Administrador de Empresas, ex-Diretor da Rockwell Fumagalli, ex-Consultor da Meritor para o desenvolvimento da filosofia de gestão de mudanças "O Poder da Camisa Branca" no mundo e autor do livro de mesmo nome.*

# Introdução

COLOQUE UM CÃO INDEPENDENTE preso em uma coleira e ele se machuca todo tentando escapar. Não admite um limite. Pensa que sua liberdade está no espaço físico ou circunstancial a que tem – ou pensa ter – direito. No máximo, após latidos de ira, produzirá ganidos de dor e desconsolo.

Coloque um homem preso na coleira das limitações circunstanciais e o que você tem? O mesmo que um cão, se lhe faltar imaginação. Mas o ser humano é imaginativo e são suas crises as melhores oportunidades para criar e transcender seus limites.

Foi no cárcere, condenado em razão de sua fé, que John Bunyan (1628-1688) produziu suas melhores obras, entre elas, *"O Peregrino"*, um dos livros mais traduzidos do mundo e o segundo em número de cópias produzidas depois da Bíblia. Miguel de Cervantes (1547-1616) ficou preso por alguns meses por questões financeiras, e foi na prisão que se acredita tenha concebido sua grande obra, *"El ingenioso hidalgo don Quijote de la Mancha"*, seguida mais tarde da segunda parte, *"El ingenioso caballero don Quijote de la Mancha"*.

Em ambos, a coleira prendeu o corpo, não a mente; a ação, não a imaginação. Quando a coleira da crise aperta, não há nada melhor do que olhar ao redor e procurar uma saída, uma mudança. Existe uma janela por onde coleira alguma pode impedir alguém de passar, e esta é a disposição constante pelo novo, pelo criativo. O problema é que nos apegamos à ideia de um mundo limitado por aquilo que já conhecemos. Tememos mudanças porque elas nos remetem a uma terra desconhecida. Em momentos assim, em que nos sentimos confortáveis com o que já sabemos, é bom lembrar o que disse Albert Einstein:

*"Sou artista o suficiente para desenhar livremente com minha imaginação. A imaginação é mais importante que o conhecimento. O conhecimento é limitado, a imaginação dá volta ao mundo."*

Mas mudar não é fácil, principalmente quando as juntas já estão menos lubrificadas e os neurônios não tão espertos. Só que é preciso. São muitas as empresas que estão passando por mudanças, transformando funcionários em terceiros antes que saiam por último em questão de segundos. Sem luz para apagar no quarto.

Meu pai ficou no mesmo emprego até se aposentar. Eram outros tempos. Hoje podemos esquecer o emprego como o conhecemos no passado. As coisas mudam rapidamente. Quem fabricava cigarros, agora faz biscoitos e amanhã deve fabricar brinquedos. Ontem precisava de um químico, hoje procura por um nutricionista, e amanhã vai contratar um pedagogo. Dá para manter um quadro com as mesmas características? Não!

As empresas de hoje são como parques de diversões. O parque é montado em uma cidade com alguns brinquedos, depois é desmontado e montado em outra com brinquedos diferentes. A cada momento o mercado exige uma configuração diferente, nunca é igual. Como acompanhar isso? Não sei. Acho que é acompanhando e mudando, porque não existe outra maneira.

Empresas estão cada vez mais virtualizadas e suas produções terceirizadas. Até eu trabalho assim. Dependo de parcerias espalhadas por aí e de especialistas para projetos específicos. As indústrias caminham do mesmo modo. O emprego pode desaparecer como o conhecemos, mas o trabalho não, porque negócios não existem sem pessoas, as quais não compram sem o trabalho que gera recursos.

As empresas de hoje vivem em um contínuo estado de crise, por isso os profissionais precisam estar configurados para viver navegando no oceano da mudança contínua. Se há turbulência? Claro! Estamos passando por um processo de parto a cada meia hora, e isto não acontece sem alguma dor. Mas o resultado é compensador.

É preciso muita calma nessa hora. Se você, sua empresa ou equipe sabe que chegou a hora de mudar, antes é preciso se acalmar. Para driblar o estresse das mudanças, e ao mesmo tempo aprender conceitos de comunicação, marketing e atendimento ao cliente, nada melhor do que ler um livro de deliciosas crônicas de negócios, verdadeiras injeções de motivação para mudar. Que livro é esse? Oras este aqui, recheado de "causos", repleto de informação em suas linhas, e transbordando sabedoria em suas entrelinhas. Crises nada mais são do que portais de oportunidades; oportunidades de mudança, para melhor. E quando a mudança é aguda, a solução é crônica.

***Mario Persona***

*www.mariopersona.com.br*

## Gestão de mudanças em tempos de crise

NAQUELA ÉPOCA O MURO de nossa casa era mais baixo e nossos filhos também. À meia-noite a campainha tocou. A vizinha vira dois homens pulando o muro e fugindo, levando o velocípede de meu filho. Ainda podia vê-los, dobrando a esquina a poucas quadras dali.

Com a adrenalina atropelando o bom senso, resolvi me candidatar a uma vaga de vítima no noticiário policial. Peguei minha viatura e saí em perseguição aos meliantes que haviam adentrado meu recinto para subtrair um veículo. O velocípede.

Aquele paladino da valentia, saltando pela porta escancarada de um carro de faróis altos e freada estridente, assustou os bandidos. De dentro do bolso do casaco eu apontava o inofensivo cano de meu dedo indicador, que nem sequer era oco. Eles tinham por líquido e certo que eu era policial. Líquido e certo foi o que quase fiz na calça quando vi a cara dos marginais.

Adrenalina demais e cautela de menos são a receita certa para o desastre. Não importa se o tempo é de paz ou de guerra, basta nosso negócio sofrer um atentado do mercado e queremos partir para o ataque. Mas atacar o que?

Quando a economia à frente para de repente, é loucura responder com o pé na tábua da insensatez, ou com a freada brusca do susto. O estrago pode ser maior. Em momentos assim é preciso serenidade para saber o quanto frear, para onde desviar e quando voltar a acelerar, escapando do engavetamento do mercado.

Como fazem os tubarões, é preciso estar sempre em movimento, mas atento, sem se deixar levar pelo pânico. Investigar, ponderar e agir com lucidez. Todo negócio exige coragem para começar, persistência para permanecer e ousadia para sair ou mudar, além de entusiasmo e cabeça fria. O entusiasmo nos motiva para o sucesso, mas as decisões emotivas nos levam ao fracasso.

Quando o Dr. Seuss decidiu escrever livros infantis, seus manuscritos foram recusados vinte e oito vezes. Qualquer um teria desistido, mas não o Dr. Seuss. Ele persistiu, e hoje celebra mais de duzentos milhões de livros vendidos em todo o mundo.

Todavia, a persistência cega é tão prejudicial quanto a parada ou mudança de direção sem razão. Um campeão de hóquei no gelo, a quem perguntaram como conseguia esquiar tão bem, respondeu: *"Mantendo os olhos fixos no disco"*. Ele parava ou mudava de direção quando tinha um motivo forte para fazê-lo.

Sem desprezar os competidores, e nem perder de vista o gol, às vezes é preciso estar preparado para desvios e retrocessos, uma espécie de acatamento estratégico das perdas que apenas postergam os ganhos. Isso porque às vezes tomamos decisões erradas e precisamos saber lidar com as consequências do erro.

Por isso, após pegar o velocípede e colocá-lo no carro, sem tirar os olhos dos bandidos que continuavam com as mãos levantadas, fiz a pergunta mais idiota do mundo:

—Por que vocês roubaram o velocípede?

Fiz de conta que acreditei quando um deles disse que estava sem dinheiro para comprar um presente de aniversário para o filho doente. Aqueles ladrões agora sabiam onde eu morava, e poderiam aprontar uma represália para quem quase os matara do coração, armado apenas com um dedo no bolso.

Em momentos assim, o melhor é tomar uma direção completamente nova, que surpreenda o outro, ainda que nos custe algo. Às vezes é preferível sair no prejuízo — trocar de produto, escolher outra atividade ou dissolver uma sociedade — só para evitar a dor de cabeça de um problema maior no futuro.

Foi o que fiz. Os dois deram um passo atrás, quando levei a mão livre ao bolso traseiro. Tirei a carteira, saquei dela uma nota e a estendi ao ladrão.

— Pegue. — disse eu com pose de Robin Hood — Compre um presente para seu filho.

Aproveitei para sair dali, enquanto eles estavam algemados pela surpresa. Voltei para casa com a certeza de que já podia dormir sossegado. Com algum prejuízo, mas sossegado.

# Marketing de simbiose

O CAÇADOR PAROU ao ouvir o canto. Dos muitos sons da floresta africana, nenhum outro tornava sua vida mais doce. Guardou a flecha e sorriu para a ave exibicionista que fazia tamanho estardalhaço. Tudo aquilo era para chamar a atenção do humano e ser seguida, e o nativo sabia que devia ser assim, apesar de nenhum dos dois jamais ter assistido *Lassie*.

Quando a ave finalmente pousou sobre uma árvore seca, o homem entendeu que aquilo era o sinal para ele preparar o fogo e a fumaça para espantar as abelhas. Na falta de lábios, o pássaro lambia o bico a cada favo dourado que o homem extraía do interior do tronco. Antes de partir, o homem deixou um favo cair e sorriu para a ave. Era a recompensa. O Pássaro-do-Mel havia indicado o caminho e agora podia se refestelar com a cera, seu prato predileto.

Essa simbiose homem-pássaro é muito diferente de algumas estratégias predatórias de marketing que mais parecem uma caçada. Para alguns, o mercado é a selva, o cliente a caça, e o marqueteiro um caçador, que perscruta a selva com pesquisas, para abater o maior número de vítimas. Depois de estudar os padrões de comportamento da caça em seu habitat, ele posiciona seus produtos, as armadilhas.

Enquanto isso, publicitários vão cevando o terreno com as iscas da publicidade e promoção. Então é a vez dos vendedores saírem como batedores, abrindo picadas no mercado e disparando armas de persuasão para exterminar qualquer espécime dentro e fora da mira do marqueteiro, que acompanha tudo do alto de seu elefante branco, o *"QuatroPês"*.

O nome foi uma homenagem às quatro patas que o sustentam: Produto, Preço, Promoção e Praça. Alguns afirmam ter visto exemplares com uma quinta pata – Pessoas – mas não souberam dizer se eram as próprias que estavam sob a pata.

Será que ouvi alguém perguntar se esse safári é ecológico? Humm... acho que está mais para *egológico*. é uma ação imediatista que beneficia apenas uma das partes; um marketing predatório, de cadeia alimentar, diferente da relação de ajuda e compartilhamento que encontramos na rara simbiose.

Para que a simbiose ocorra, alguém precisa tomar a iniciativa de dar, ainda que isso envolva riscos. O Pássaro-do-Mel é um bom exemplo disso ao desafiar seu instinto de sobrevivência para se exibir para o caçador. Não tenho estatísticas de quantos deles acabam sendo comidos por nativos imediatistas ou diabéticos.

Mas acredito ser possível um marketing de simbiose, apesar de contrário à natureza egoísta da relação comercial, a qual foi denunciada por Adam Smith. Mas, se a natureza humana é egoísta e o mercado não passa de um reflexo disso, por que alguém adotaria um modelo de marketing assim?

No caso de algumas empresas, só para contrariar. Afinal, esta já seria uma razão afinada com a natureza humana, não seria? *"Se malandro soubesse como é bom ser honesto, seria honesto só de malandragem"*, cantaria Jorge BenJor. Mas outras podem adotar o modelo para encantar.

A febre do momento é obter o máximo de informações do cliente para tê-lo na mão. Mas que mão você estende ao cliente para criar nele uma imagem e um relacionamento de confiança? Não, não estou falando do blá-blá-blá do *"Quem Somos"*, que invariavelmente diz que somos os melhores, os maiores e mais competentes. Falo de dar ao cliente algo que permita *a ele* tirar conclusões de como você sua empresa é ou gostaria de ser.

Meu pai gostava de falar de suas viagens de trem na década de quarenta, quando a composição da Companhia Paulista passava rigorosamente no horário por um trecho próximo a Nova Odessa, no interior de São Paulo. Ali os passageiros começavam a olhar pelas janelas e examinar o céu.

— Olha ele lá! — gritava alguém. Então tinha início o momento mágico.

Com um mergulho gracioso o pequeno gavião sincronizava seu voo, livre de amarras, com o resfolegante gigante de aço preso aos trilhos. Leveza e força viajavam lado a lado por alguns instantes, até surgir um braço estendido da janela do vagão restaurante. Era o cozinheiro, com um pedaço de carne na mão. Numa fração de segundo, dedos e bico se encontravam na transferência suave daquela dádiva. Então o gavião dava uma volta acrobática no céu e desaparecia em direção ao ninho, observado por um trem de testemunhas.

Era quando todos voltavam a respirar.

## Palavras são palavras. Nada mais?

PALAVRAS. São elas que sustentam os negócios, nas trocas, nas vendas, nos diálogos, para dentro e para fora. São elas que garantem um lugar no mercado, ou fora dele, quando equivocadas. Sobre elas as empresas saltitam perigosamente, como em caminho de pedras em meio à escuma dos inquietos meandros de uma economia falaz.

Palavras fazem toda a diferença. Somos dirigidos por sua corrente. Elas nos vêm de pais, filhos, amigos ou inimigos, e são por meio delas que eles nos veem. Mesmo no silêncio, elas não param de nos inquietar. Sussurradas pela memória de uma experiência gratificante, são promotoras de novos desejos, necessidades e negócios. Gritadas pela consciência traída, são devastadoras.

Palavras são meus anzóis. Pequenos e imperceptíveis, vão fundo e chegam longe. Consegui fisgar três minutos de seu precioso tempo só para ler meu texto. Multiplicados pelo número de pessoas alcançadas pela tiragem estimada dos sites, jornais, revistas e boletins que me publicam, esses três minutos podem passar de setenta mil horas. Oito anos! Nada mal para quem só pediu três minutos de atenção.

Palavras são como o vento, que areja tanto quanto o frescor de uma solução bem vinda na mente de seu cliente. Ou como o vento que transporta um cisco indesejado para seu olho, dependendo de quem as articula. Daí o cuidado de só soprar as palavras certas na corneta de sua publicidade. Elas podem abrir carteiras para sua mensagem, ou fechar ouvidos para sua marca.

São escribas e locutores os malabaristas das letras. Manipulam fluidos cerebrais articulados em impulsos audíveis ou códigos legíveis. É com a habilidade de um mágico malabarista que as lançam no ar, na quantia adequada e cadência controlada, fazendo desaparecer a mão para deixar visível só a sensação. A mesma sensação que mesmeriza uma plateia ávida por emoção.

Você contrata palestrantes que derramam palavras para levantar o moral de seu pessoal, ou fazem descer a guarda de seu cliente, que precisa entender antes de comprar o que você vende. Você investe em profissionais de consultoria, para diagnosticar as doenças de seus negócios e dizer o que você já desconfiava, mas não verbalizava por falta de talento. Ou coragem para reconhecer.

O Roberto Carlos estava certo, quando cantou que *"palavras são palavras, e a gente nem percebe o que disse sem querer, e o que deixou pra depois"*. Uma comunicação mal feita pode deixar você sem achar um jeito para explicar, e esperando que o cliente possa aceitar. Mas a concorrência é implacável demais. Ela não deixará você explicar a seu cliente que tem *"um jeito meio estúpido de ser, mas é assim que eu sei te amar."*

A erupção que palavras mal colocadas provocam pode ser devastadora para qualquer negócio. Foi o que aconteceu na escola secundária onde lecionei quando jovem. Para resolver o problema da indiferença dos alunos para com os estudos, convidamos os pais para uma palestra na presença da delegada de ensino responsável pela região. Os pais de nossos alunos eram, em sua maioria, pequenos agricultores e criadores de gado.

A ideia era mostrar que eles tinham sido bem sucedidos numa época em que estudar não era uma prioridade. Porém seus filhos precisavam estar preparados para um mundo diferente daquele que garantira o sustento de seus pais. Com o crescente êxodo rural, eles fatalmente teriam de enfrentar uma concorrência acirrada na cidade. O erro do diretor da escola foi convidar o menos diplomático dos professores para o papel de mestre de cerimônia.

—Ilustríssima senhora delegada de ensino — começou ele, entregando a única porção bem sucedida de seu discurso. Então, numa passada de braço que abrangia toda a plateia, qual espada ceifando na altura daquelas três dezenas de pescoços, continuou:

– Como a senhora já sabe, estes pais de nossos alunos têm um baixíssimo nível de escolaridade!

O desastrado orador mal teve tempo de colocar o ponto de exclamação e já tinha pai com punhos cerrados e boca escancarada. Diante da iminência de um incêndio de paixões, eu e outros colegas da brigada do deixa-disso corremos estinguir o fogo que fatalmente levaria a uma explosão. Fizemos isso com palavras, nada mais.

## Tradutor de produtos

AUDITÓRIO LOTADO. No palco, uma cópia sem bengala do Coronel Sanders, criador do *Kentucky Fried Chicken*, gesticulava atomizando saliva no ar. Seu entusiasmo era tão artificial quanto as verdades incontestáveis cuspidas de sua fértil imaginação.

De gravata texana e desgrenhadas cãs — palavra tão anciã quanto sua idade — o norte-americano derramava ilusões sobre uma plateia submersa pelo assombro e fã das mais absurdas lendas e teorias conspiratórias, da qual eu fazia parte pagante. Eu era jovem, e meu gosto pelo inusitado me transformava em presa fácil de palestrantes e autores que ganham a vida contando lorotas para a turma do *"me iluda que eu gosto"*.

Show à parte era o magro intérprete por detrás das hastes pretas de seus óculos de sapiência. Desconfiado de que nem tudo o que vem em inglês é verdade, o rapaz suava intranquilidade, enquanto vertia para o português as fichas do *arquivo X* que o outro trazia no cérebro. Seu pomo de Adão subia e descia freneticamente, denunciando o quanto estava sendo obrigado a engolir na hora de traduzir.

Tradução é uma arte, uma pintura que pinta com outras cores um novo original, para que outros olhos enxerguem a mesma cena. Às vezes a tradução pega carona numa analogia que a leve mais leve ao destino do original, mas é preciso muita criatividade nessa atividade, ou em sua prima mais nova, a tradução de produtos.

Traduzir um produto é encontrar, numa baía tranquila na mente do cliente, uma rocha análoga onde fixar âncora. Depois é só ir puxando a corda bem devagar, até que o objeto e sua analogia se confundam num texto ou no falar. Não importa o tamanho do navio; quando bem feita, a atracagem é perfeita.

Usando técnicas adequadas de texto ou articulação verbal, é possível traduzir conceitos complexos para uma linguagem acessível até para os *"mais pequenos"*, criando um poder de atração igual ao da roupagem das flores, a expressão exterior e colorida de um complexo sistema reprodutor que atrai o interesse até das menos libidinosas abelhas.

Muitas empresas sabem que não basta criar algo novo, seja um processo interno, marca ou produto. É necessário certificar-se de que seus colaboradores e clientes irão entender a cria. Por isso decifra-se a esfinge, para a novidade não ser engolida pela indiferença, e nem a oportunidade pela concorrência. Mas verbalizar um produto não basta. É preciso que ele encontre seu par na compreensão das pessoas.

O tradutor precisa estar convencido da vantagem e veracidade do produto ou serviço, ou arrisca sua reputação ao endossar um original apócrifo, pois assina solidário com o autor e empresta sua dignidade à peça. Ninguém consegue transmitir confiança em algo que não acredita, e nem inventar idoneidade para aquilo que não tem. Tentar fazer isso não é traduzir, é mascarar; é vender geladeira para esquimó dizendo que aquilo é aquecedor.

— Veja, meu senhor! Esta caixa mágica mantém o frio trancado dentro dela, enquanto sua família é confortavelmente aquecida pelo motor. Não se esqueça, a porta é o lado de trás, deve ficar encostada na parede.

O palestrante, porém, morreria de hipotermia antes de conseguir vender um aquecedor desses, porque transmitir confiança não era o seu forte. Cada afirmação sua sobre o Triângulo das Bermudas pegava o tradutor de calças curtas, o qual borrava a própria reputação, ao fazer suas as palavras do original texano. Mesmo assim o rapaz continuava continuava traduzindo gestos e frases.

— I believe... — começava o preletor apontando para o próprio peito, antes de cada afirmação duvidosa sobre os mistérios submersos em um Triângulo que já parecia ter mais de três lados.

— Eu acredito... — papagaiava o intérprete, igualando o gesto e apontando também para o próprio peito.

— I believe... — continuava o americano com a maior cara de pau.

— Eu acredito... — traduzia outra vez o rapaz com uma voz minguante.

Os dois continuaram assim até o insólito chegar às raias do absurdo. Quando o *"I believe..."* do gringo veio seguido de uma afirmação que faria Pinóquio corar, o intérprete parou. Era agora ou nunca a redenção de sua reputação.

Após dois átomos de silêncio, o intérprete sorriu um sorriso sarcástico, olhou para a platéia com um olhar travesso e, desviando o dedo do próprio peito, apontou para o palestrante e traduziu:

— **Ele** acredita...

# Segredos de Bastidores

"RI COM A HISTÓRIA da *Panificadora Francesa* em Alto Paraíso, desta eu fui testemunha", escreveu um antigo colega de faculdade, reencontrado graças a uma crônica minha. *"Fez com que eu acreditasse também na história da corajosa de Angra"*, completou ele, referindo-se à crônica, *"Empreender sem dor"*, que publiquei em meu livro *"Receitas de grandes negócios"*.

É comum indagarem se as histórias que conto são verdadeiras. Todas são, a menos que eu as identifique como anedota. Talvez sejam até menos interessantes do que as vividas por outras pessoas, mas o segredo está em saber contá-las, para extrair do banal o extraordinário, e enxergar pepitas na bateia do dia-a-dia, onde os olhos da razão normalmente só veem cascalho.

Comunicação é isso, é o que faz a diferença e age como foguete propulsor do marketing. Sua empresa sempre irá precisar de alguém que separe o ouro da escória, mesmo que seja na bateia do mais tedioso produto. Só assim é possível revelar seu brilho aos olhos do cliente. Para isso, conhecer o comportamento das pessoas é essencial.

O que decora o cenário todo, com matizes que surpreendem, e acrescenta uma eufonia que cativa até os mais peludos ouvidos, são as velhas e conhecidas palavras. Ou, quiçá, uma calculada omissão das mesmas, o que gera a ansiedade de um vácuo de expectativa, onde o cliente esperava ouvir algum som. A excelência dessa técnica foi descrita por alguém, ao elogiar um vendedor de sucesso, da seguinte forma: *"Ele usava frases de efeito e as sublinhava com o silêncio"*.

Comunicar é também saber o que não dizer. É a arte de não revelar os bastidores onde acontece a ação de produzir; é deixar vir à tona somente a emoção de seduzir. Como fazem os parques Disney com seus coadjuvantes subterrâneos.

Será que no cinema alguém assiste a lista de nomes que vem depois do *"The End"*? Aqueles são nomes conhecidos apenas das costas do público. Longe dos holofotes, eles amargam a sina de ter de competir com as luzes precocemente acesas na sala que se esvazia. Por que nunca aparecem no início? Para evitar aborrecer a platéia ao expor o que não é enxergado por ela como valor.

Mas, evitar expor não é o mesmo que esconder. Há empresas que escondem porque não durariam um dia se a transparência chegasse à produção. A padaria onde eu costumava brincar na minha infância era assim.

Nos bastidores, apenas funcionários e anônimos amigos dos filhos do dono, como eu. Circulando entre tabuleiros de inertes pãezinhos em fase de crescimento, e também de tabuleiros de não tão inertes vermezinhos em fase de engorda, brincávamos entre a criação de pães do padeiro e a criação de bichos da seda de meus amigos. O cliente que visse aquelas massinhas gosmentas roendo folhas de amoreira sujas de pó de trigo, jamais comeria seus pães companheiros.

Por mais repulsivas que fossem as lagartas vomitando fiozinhos prateados, elas produziam a matéria prima do mais excepcional tecido já criado. Tão grande foi sua influência nos negócios da humanidade, que a rota comercial mais antiga e famosa da história leva o seu nome. Mas pela Rota da Seda não circulavam as lagartas, um segredo que os chineses conseguiram trancar por dois mil anos. Cada mercador chinês só transportava e revelava o que interessava ao cliente: sublimidade do tecido.

Na padaria, porém, não era a seda vomitada pelos bichinhos que os clientes procuravam. Eles queriam pão, igual ao que agasalhava a linguiça que o padeiro surrupiava do balcão nas noites frias de solidão estomacal. O único padeiro era movido a pão, linguiça e pinga, muita pinga, numa celebração noturna que só era testemunhada pelos bichos da seda. Enquanto estes fiavam a seda, o padeiro matava a sede. Não vou dizer que toda aquela seda lhe dava sede para não correr o risco de soar infame.

Porém numa daquelas noitadas panificantes, o padeiro acabou usando inadvertidamente de uma dose extra de *fermento etil-calabresa* na hora de sovar a massa. E a massa cresceu. Cresceu como nunca crescera antes. Para os clientes, o segredo devia estar no vigor do padeiro ao espancar a massa, ou no fermento de origem desconhecida. Para nós, meninos dos bastidores, o padeiro tinha aprendido sua técnica com os bichos de seda, que passavam a noite vomitando o fio.

O dia amanheceu como outro qualquer, com clientes se enfileirando no balcão para comprar pão, além do leite, que naquele tempo vinha em garrafas de vidro de goela larga. Tudo parecia normal, até o dono ser surpreendido pelos clientes que começavam a voltar. Mas não era para reclamar. Eles queriam mais daquele delicioso pão de linguiça

## Love me tender, Love me true...

A LETRA DA MÚSICA de Elvis é o fundo ideal para descrever os anseios de um cliente por satisfação.

*"Love me tender, Love me true,*
*All my dreams fulfill"*

Ternura, sinceridade e sonhos realizados. O que mais um cliente poderia desejar de um bom atendimento? Não repare, estou em fase romântica.

Ben Feldman não era exatamente um Elvis, e nem tinha pinta de vendedor. Era baixinho, gordinho e careca. Se fosse menor e usasse um gorro, seria confundido com um dos sete anões, o *Soneca,* de pálpebras caídas e olhar lânguido. A fala mansa e hesitante de Ben Feldman saía de uma língua meio presa. Isso quando falava, pois era tão tímido que deu a primeira de suas muitas palestras escondido atrás de uma cortina.

Mas Ben foi o maior vendedor de seguros do mundo. Sem Internet, e morando em uma cidadezinha de vinte e poucos mil habitantes, seu sucesso estava em acreditar no que fazia. A necessidade do cliente era sua motivação. Não vendia um produto, prestava um serviço, e ganhava muito fazendo isso.

Para Feldman, se o vendedor não acreditasse no que vendia, ninguém compraria. Era preciso acreditar, gostar vender. Quando alguém gosta do que faz, seus olhos brilham apaixonados, e quem vende assim adora falar do motivo de sua paixão. Quem vende assim é um entusiasta, um esportista radical que enfrenta dificuldades e persegue o risco.

O bom vendedor não é do tipo malandro, que mente para enrolar o cliente, e nem mercenário, que risca a coronha de sua maleta a cada cliente abatido. Ele não hipnotiza a vítima antes de dar o bote na jugular. O bom vendedor quer satisfazer desejos e conquistar corações. Ele ouve o cliente suspirar um pedido:

*"Love me tender, Love me true,*
*All my dreams fulfill"*

Persistência é outra qualidade do bom vendedor. Quem gosta do que faz trabalha sem perceber, pois sua atividade deixa de ser trabalho para virar prazer, até na velhice. Você sabia que Feldman fechou um terço de todas as suas vendas após os sessenta e cinco anos?

Quem vende acaba desenvolvendo um método que acaba virando um hábito. Se, por um lado, existem características que podem ser natas, ninguém nasce com um hábito, é preciso desenvolvê-lo. O vendedor ligou após a venda? É porque incluiu você em seu hábito. O hábito pode não fazer o monge, mas faz bons vendedores.

Se eu desconfiar do vendedor, não compro. E, ainda que confie nele, se não acreditar na empresa, também não compro. O importante é o conjunto vendedor-produto-empresa. É quase uma família. O vendedor trabalha confiante quando tem o suporte da empresa. A empresa vive feliz quando é bem representada. E ambos adoram exibir o filho, o produto, para as visitas.

Hoje o preço não é o elemento mais importante na venda. Quando a conveniência é o que importa, dos quatro *"P's" – Produto, Preço, Promoção e Praça* – o que fala mais alto é o quinto: *Personalidade*. Não apenas do vendedor, mas da empresa e da marca por detrás.

O valor e a confiança que a empresa põe no vendedor irão refletir nas vendas e na sobrevivência da empresa. Sem vendedor, o melhor produto da praça, fabricado pela melhor empresa do país, e com a marca mais famosa do continente, continuará encalhado no maior estoque do planeta.

Elvis Presley sabia disso, e para vender sua arte tinha um empresário. Este não tão ético quanto Ben Feldman, mas sabia como ninguém a melhor forma de alavancar uma carreira e vender uma imagem. Coronel Parker era quem vendia Elvis, mas não era nem coronel, nem Parker, nem caneta. Seu nome era Andreas Cornelius van Kuijk.

Foi o Coronel Parker quem descobriu Elvis, e Elvis, por sua vez, o cobriu de confiança e compensação. Entre eles havia um contrato que nunca foi escrito, e que garantia ao Coronel Parker exatamente metade do que o cantor ganhava. Se Elvis fez isso com seu vendedor, é melhor você também recompensar bem o seu Coronel Parker, mesmo que ele não seja nem coronel, nem Parker.

Não importa. Aposto como seu produto, por melhor que seja, também não é nenhum Elvis.

# Como dar nó em gravata e abotoar o paletó

ERA DIFÍCIL NÃO CHAMAR ATENÇÃO. Num calor de quase quarenta graus, eu era o único a circular de paletó, gravata e maleta 007 naquele subúrbio do Rio. Vindo de São Paulo, minha missão era descobrir o proprietário de um imóvel que o banco para o qual eu trabalhava queria adquirir, evitando ao máximo chamar atenção para não desencadear uma inflação.

O que sobrava em pose, faltava em experiência. Eu e o emprego éramos novos, mas eu estava motivado a desempenhar bem meu papel naquela *"Missão Imobiliária"*. Sentia-me o próprio *"Bond. James Bond"*.

Na maleta não havia armas, cápsulas de veneno ou documentos secretos. Minha maleta mais parecia uma *matrioska,* aquelas bonecas russas ocas que trazem dentro outras bonecas russas ocas. Dentro da maleta havia outra maleta, pequena, de plástico descartável, que trazia um nome em alto relevo: "*Varig*". Ela denunciava que eu tinha viajado em um avião *Electra* da Ponte Aérea e não resistira em guardar a lancheirinha azul de lembrança.

Minha investigação pelo nome do proprietário do imóvel que tinha por alvo acertou na mosca, ou no bicheiro, que descobri ser o dono. Que missão aquela, negociar com a contravenção! Alguém sussurrou que ele frequentava uma oficina, e com um leve movimento da cabeça e olhar esquivo, apontou o fim da rua. Encontrei um salão meio escuro, meio abandonado, cheio de carros velhos e sem conserto. Tomei coragem e entrei, acompanhado apenas dos olhares de adeus das pessoas que me observavam da rua. Meu terno e gravata continuavam a chamar uma atenção que não deviam chamar.

Quem compra, e era esse o meu caso, não deve chamar tanta atenção quanto quem vende. Este sim, deve invocar todas as técnicas de promoção, inclusive a velha receita AIDA, mas sem fazer disso uma ópera. A palavra é formada pelas iniciais de *Atenção, Interesse, Desejo e Ação,* algo que Robert Collier sabia fazer muito bem em seus textos publicitários.

Autor de um clássico, "*The Robert Collier Letter Book*", ele dominava como ninguém a arte de escrever cartas comerciais e mensagens publicitárias que atraíam a atenção, despertavam o interesse, estimulavam o desejo e levavam à ação. Na contracapa de sua revista, publicada na década de 1920, vinha algo mais ou menos assim:

*"Como saber se estou trabalhando direito? – esta é a dúvida de muitos. Há uma regra simples para descobrir. Até uma criança consegue. É só fazer a si mesmo uma pergunta. Se a resposta for 'Sim', você está no caminho errado. Nunca irá progredir, enquanto não passar para o caminho certo. Se a sua resposta for 'Não', então está na direção certa. É só permanecer nela até alcançar o que deseja. Esta pergunta é o fundamento do que será publicado no próximo número da revista. Se quiser um mapa seguro, encomende já o seu exemplar".*

O texto atrai, desperta o interesse, estimula o desejo e... para! Não diz qual é a pergunta mágica. A mensagem habilmente passa a bola para você, que deve fazer algo com ela. Após criar o ambiente e as condições propícias, exige de você uma ação. É este o clímax de qualquer esforço de venda.

Outra característica da mensagem é que trata de um assunto de interesse comum. Quem não trabalha? Quem não tem dúvidas da direção que tomou? Quem não quer uma fórmula mágica para ter certeza? É quase impossível não apertar o gatilho da ação.

A mensagem também deixa o leitor intrigado pelo suspense, como a técnica que utilizei aqui. Minha aventura em um subúrbio carioca indo ao encontro de um chefe do jogo do bicho arrastou você por uma excursão pelos meandros da publicidade, talvez apenas pela curiosidade de saber o que havia naquela oficina escura. Fique tranquilo Não é preciso esperar pelo próximo exemplar. Vou contar.

No fundo da oficina havia uma porta. Abri com a velocidade e a adrenalina de um jovem que acabara de aprender a dar nó em gravata, mas que ainda não tinha levado muitos nós da vida. Entrei. Quando me dei por mim, estava só eu em pé em uma sala ampla e iluminada, com uma mesa enorme, quase do tamanho da sala. Os trinta homens que também estavam na sala estavam todos sentados, contando mais de trinta pilhas de dinheiro.

Meu terno, gravata, maleta 007 e pose de Bond imediatamente atraíram a atenção. Minha pose criou interesse e despertou um desejo que logo identifiquei não trazer benefício algum para mim. Quando percebi a atenção e a tenção crescerem, decidi desabotoar o paletó para parecer mais informal. Na prática eu só queria mostrar que, com aquela pinta de FBI, eu não estava armado. Aquilo tudo era o conceito AIDA em ação, mas um AIDA incompleto. Havia atenção, interesse e desejo. Mas, felizmente, ninguém entrou em ação para abotoar meu paletó.

# Um novo modelo de indigestão empresarial

AQUELA ERA MINHA MODESTA incursão na contravenção. Auxiliado por minha rede de relacionamentos, estava prestes a praticar um daqueles delitos que costumamos chamar de "jeitinho", que poderia acabar manchando minha reputação.

Eu planejava uma fuga. Não muito audaciosa, mas que me livraria definitivamente daqueles exercícios matinais no pátio anexo. Não que eu não gostasse de tomar sol. Gostava. Mas não queria estar ali. Como acontece com qualquer plano criminoso, não consegui ficar calado.

Minha rede de relacionamentos divulgou o plano, até me apresentarem à pessoa certa. Sua mãe, uma médica, forneceria o atestado para minha fuga. Logo eu estaria livre! Livre de acordar cedo para as aulas de educação física da faculdade.

A contravenção é mestra na arte do relacionamento. Organizações terroristas funcionam bem em redes estranhamente organizadas. Apesar da comunicação limitada, das condições adversas e da constante improvisação, cada pequeno elo sabe o que deve fazer. E faz.

Empresas também têm suas organizações em rede, nem sempre tão organizadas quanto o crime. Umas terríveis de boas, outras terroristas de más. As pessoas trabalham, ou com um objetivo e senso comum de cumprimento do dever, ou de boicote a ele. Umas ajudam as outras a manter as coisas funcionando ou emperrando, sem precisarem muito de estímulos externos. Todo administrador deve saber como cortar os elos das redes malignas sem importunar o funcionamento das redes benignas.

Infelizmente alguns acabam cortando a jugular quando tentam eliminar varizes. Demitem ou transferem alguém que pode não ter uma importância clara no organograma corporativo, mas que é vital no *"organicograma"* ativo. Departamentos inteiros desmoronam assim. Peter Drucker escreveu que *"A maior parte do que hoje chamamos de gestão não passa de intromissão na maneira como as pessoas já fazem o trabalho"*.

Enquanto os cortes destroem as redes dentro das organizações, os cortados vão se organizando fora delas. Surge um novo perfil de organização, com as características do "inimigo sem rosto" do terrorismo. São profissionais que se amarram em uma rede de relacionamentos; uma rede mais extensa, mais rica e mais eficiente do que as convencionais, e que atua fora de seus limites. Vínculos casuais se transformam em nós permanentes. E ainda assim continuam informais.

É difícil hoje, para um exército convencional, competir com uma estrutura terrorista em rede. O problema é descobrir onde acaba o pescoço da minhoca e começa a cabeça pensante, pois a própria rede pode ser o cérebro pulsante. O modelo organizacional e de gestão do terrorismo pode servir de modelo para a gestão deste século, capaz de competir com vantagem no campo de batalha da falta de empregos perenes, da diluição das marcas, e dos negócios desmontáveis.

Versatilidade é fator de sobrevivência no parque da mutação contínua. Adaptar ou morrer, este é o lema da hora. Baratas conseguem, dinossauros não. Quando levantaram a pedra que abrigava a sociedade agrícola, as baratas correram se esconder sob a indústria. Quando a robotização chegou, o negócio foi se abrigar nos processos. Agora é a vez do colarinho branco ser pulverizado pelo aerossol dos sistemas inteligentes. Algumas baratas morrem, outras se adaptam.

Sob a branca pia da gestão convencional, surge um modelo de empresa sem marca e sem face, onde cada um conhece o seu papel e missão. A partir de quartéis voláteis, líderes momentâneos coordenam ataques bem definidos a problemas localizados, se alternando entre gestão e produção, ora comandantes, ora comandados. Esse é um modelo que os xiitas puristas da gestão convencional dificilmente irão engolir, pois consideram uma imitação barata, uma anti gestão, marginal e indigente. Uma indigestão empresarial.

Todo esse monta-desmonta de empresas acena para um novo perfil também para o profissional. Sem a sombra protetora de uma grande marca, ele deve ser gestor de sua própria imagem e competência, se quiser continuar trafegando na marginal sem virar um. Mesmo assim sempre haverá aquela tentação de sucumbir ao "jeitinho", que pode se transformar em arma letal para sua reputação.

A minha ruiu assim, ao me apresentar para a aula de educação física com uma ensaiada expressão nauseabunda. Na mão, o envelope com o atestado médico que minha colega conseguira com a mãe. Envelope branco, fechado, com ar de confidencial. O professor abriu, leu e sorriu.

— Desde quando você vai a esse tipo de médica? Vá se trocar para o aquecimento! — sentenciou ele.

O atestado acabara de virar um atentado contra minha reputação. Saí de fininho, enfiando no meio das pernas o rabo e no bolso o papel timbrado de uma clínica de senhoras. Como eu podia imaginar que a mãe de minha colega era ginecologista?

# Cliente satisfeito é amigo do peito

ERA UMA EXTRAÇÃO EM SÉRIE, verdadeira linha de desmontagem de dentes brancos das mais variadas cores. Estas iam do amarelo-nicotina até o preto-cárie, cor predileta de Henry Ford, criador da linha de montagem que, quando indagado se havia alguma proibição para seus carros serem de outra cor, respondia: *"Os carros podem ser pintados de qualquer cor, contanto que sejam pretos"*.

Na aula prática da faculdade de odontologia, meu amigo fazia parte dos discípulos de Tiradentes e aprendia a técnica colonial de se extrair o mal pela raiz. As cobaias, apelidadas de pacientes, eram pessoas que não podiam ou não queriam pagar por uma extração privada. Sobrava aquela alternativa, mais pública, porém mais grátis que a privada.

Na sala cor de marfim, uma fileira de poltronas trêmulas sustentavam pacientes boquiabertos com o palavreado "dos doutor". Qualquer linguagem produzida na "Área de Broca" do cérebro de professores e alunos tinha som de broca na compreensão dos pacientes. Ali o abismo de comunicação só não era maior que as cavidades, verdadeiras cavernas onde ecoava a dor.

A falta de uma comunicação clara é a principal razão do isolamento de algumas empresas que só são achadas pelos credores. Mesmo quando encontradas, falta a elas saliva para informar, encantar, explicar e gerar uma ação da parte dos clientes. E o problema começa lá dentro. Pergunte aos seus colaboradores o que a sua empresa faz. Eles não sabem? Então nem perca tempo em perguntar ao mercado. Como querer ouvir o eco da palavra que é incapaz de sair da garganta?

Há empresas que usam uma linguagem carregada de tecnicismos para impressionar o cliente. E impressionam. Divirto-me nas feiras de tecnologia, cheias de clientes impressionados, com suas sacolas derramando prospectos criptografados, que só são decifráveis pelos técnicos concorrentes. Os quais, por sua vez, também se esforçam para explicar aos possíveis clientes como seus produtos e serviços funcionam, sem dizer exatamente que benefício agregam. Os clientes, que saem da explicação incólumes, vão embora ainda potenciais e virgens de qualquer influência ou persuasão. Mas que saem impressionados, isso não se pode negar.

O problema ocorre porque falamos do que gostamos de falar, não do que o cliente gostaria de ouvir. Despejamos informação, quando deveríamos criar comunicação, aquela de mão dupla, que só começa quando completada a conexão. Antes disso não passa de informação à disposição, como santinho em mão de boca de urna de partido ruim. Ninguém pega.

Há empresas que conversam com o mercado em linguagem de advogado. Com rodeios, palavras difíceis e termos técnicos. Parecem gostar de manter o cliente na posição de demente. Com discursos que sublinham a ignorância, gostam de manter distância, sem perceber que cliente à distância não é cliente, é consumidor. Cliente, com "Ente" maiúsculo e que vive satisfeito, é aquele tratado como amigo do peito.

Veja a evolução da tecnologia da comunicação. Começou no tête-à-tête do contato pessoal. Depois vieram o grito de longe, o bater de tambores e os sinais de fumaça. Num dia de chuva, alguém decidiu transformar a linguagem em símbolos. Surgiu a escrita. Durante séculos esta foi a única forma de comunicação à distância, até a invenção do extrato de tomate.

Pelo menos era essa a minha ideia quando criança, já que meus telefones de barbante eram feitos com as latinhas de extrato de tomate Elefante. Porém descobri que Graham Bell já tinha criado algo mais eficiente, levando a humanidade de volta ao contato pessoal e ao tête-à-tête. Era a tecnologia trazendo a boca de volta para junto do ouvido e aproximando as pessoas.

Mas a tecnologia só faz aproximar. Cabe à empresa criar um discurso bem mastigado para seu mercado, principalmente se o cliente não puder mastigar, como a senhora que ocupava a poltrona de meu amigo aguardando a extração de um dente. Com as duas mãos de meu amigo dentro de sua boca, só lhe restavam os ouvidos para entender o que "os doutor" falavam. Mas não entendia. O dentista sim, havia entendido muito bem quando ela explicou que estava ali só para "distrair o dente do cisne".

O professor, parado ao lado da poltrona pilotada por meu amigo, procurava acalmar a mulher explicando que as radiografias periapicais mostravam uma área radiopaca na região do terceiro molar, que tinha raízes volumosas abraçando o osso inter radicular. Mas o procedimento seria feito sem causar a invasão da tuberosidade pelo antro, ou uma comunicação oro-antral com rotura dos vasos palatinos.

Depois disso a paciente ficou mais tranquila

Enquanto trabalhava, meu amigo procurava manter o rosto longe da boca da mulher. Não por força do hábito, mas por força do hálito. Foi quando o professor se aproximou mais uma vez e fez um alerta que achou importante naquela hora:

– Cuidado para não deixar o dente cair no seio maxilar.

A paciente escutou, achou que entendeu, e não titubeou. Com um movimento brusco, imediatamente fechou o decote.

## A última palavra em embalagem

O PACOTE ERA SUSPEITO. Vinha dos Estados Unidos com remetente e conteúdo desconhecidos. Como destino, o nome de meu filho, seguido de um misterioso sobrenome americano. Meu tato denunciava um objeto flexível, envolto em plástico e oculto no envelope. Influenciada pelo noticiário da "terrorvisão", a família assumiu sua sinistrose contumaz:

– É uma bomba de antraz! – dissemos todos em uníssono.

Felizmente meu filho se lembrou do concurso para ganhar uma capa para seu *Pocket PC*. Salva na última hora, a capa quase teve destino igual ao presente que comprei para minha irmã. Sem papel adequado, embrulhei-o em papel pardo e, como era cedo demais para tocar a campainha, enfiei o pacote na caixa de correspondência e deixei para avisar mais tarde. Esqueci.

Na dúvida entre ser uma bomba ou um trabalho de macumba, ao abrir a caixa de correio meu cunhado não pensou duas vezes. Num arremesso olímpico, lançou o pacote por cima do muro de uma construção próxima, para alegria de algum pedreiro, que pensou estar sendo bombardeado por Papai Noel.

Hoje qualquer produto que falhe em dar uma indicação clara e honesta de seu conteúdo cai na vala comum dos objetos suspeitos. Daí a importância de um projeto adequado de embalagem que, pelo exterior, convença o cliente a comprar seu propagado teor.

A evolução da embalagem ganhou impulso quando o armazém da esquina empacotou. Na gôndola do supermercado, a embalagem deixou de ser um saco pardo para ganhar status de comercial instantâneo. Ali caixas coloridas disputam a atenção das condutoras de carrinhos de arame. Se as embalagens ainda não assediam, algumas já piscam seus *leds* para as donas de casa.

Mas embalagem também é sinônimo de conveniência. Pagamos por conveniência quando esta vem na forma de segurança, higiene e integridade do produto. Quando eu era criança, tudo era embalado na hora da compra. Fazer compras para a mãe era voltar caminhando sobre ovos e não chorar sobre o leite derramado. O único produto que vinha embalado de fábrica era o frango, vivo e envolto em penas.

Embalagem hoje é sinônimo de prestígio. Marquei encontro com uma amiga no aeroporto onde esperaríamos outra que estava para chegar do exterior. Aproveitei para levar alguns objetos que ela tinha esquecido em minha casa, e os coloquei em uma prática sacolinha de supermercado.

Minha amiga, sempre elegante, só tocou na sacola na hora de ir embora do aeroporto. Lá dentro, quem carregou fui eu. Ela preferia morrer a ser vista desfilando com uma sacolinha de supermercado no saguão de um aeroporto internacional. Se fosse uma sacola de grife, ela teria insistido em carregar. Mas de supermercado com estampa de liquidação? Nem pensar.

A embalagem também faz do cliente um veículo da marca. Somos inocentes úteis, principalmente nas feiras e exposições. Ali as recepcionistas gentilmente arrancam a sacola que trazemos na mão, para enfiá-la na sacola maior de sua empresa, com a qual desfilamos até o próximo estande, onde outra sacola nos espera. Como a teoria dos conjuntos ensina que o maior sempre contém o menor, saímos da feira com a última sacola, a gigante, transformados em um verdadeiro outdoor andante.

Cada embalagem tem sua razão de ser, desde a famosa garrafa de Coca-Cola, cuja silhueta virou sinônimo de marca, até rótulos de aparência antiga que transmitem a credibilidade da tradição. Mesmo a trivial rolha continua indispensável. Por isso desconfiamos que o vinho seja plebeu se vier coroado com tampinha de lata.

Nas aulas de marketing costumo levar um arsenal de objetos para servir de ilustração, como o copo de uso diário que um dia guardou requeijão. Levo garrafas, latas e caixas, para mostrar detalhes curiosos de cada um. Para carregar tudo isso pela faculdade, uso uma grande sacola. De supermercado não, de grife.

O ponto alto da aula é a embalagem com função dinâmica. Tiro da sacola copinhos plásticos de leite ou café, com fundo falso contendo produtos químicos. Aperta-se o fundo e uma reação química esquenta o café ou gela o leite do copo. É a embalagem virando geladeira e fogão.

Mas nada suplanta as embalagens fabricadas por uma indústria local, as quais eu não me atreveria a levar às aulas. A indústria anuncia suas atividades com uma grande placa na fachada: *"Embalagens Especiais"*. Fiquei curioso para descobrir que embalagens especiais eram aquelas, e descobri. A empresa fabrica o que eu chamaria de a última palavra em embalagem: urnas funerárias.

## "Fidelitas quae sera tamem"

QUANDO NASCI, meu pai já era funcionário do Banco do Brasil. Ao falecer, ele estava aposentado da mesma empresa. Como era comum na época, o funcionário ficava casado com o emprego e nenhum dos dois falava em divórcio. Empregos não eram chuvas de verão ou concertos banais, por isso minha mãe me aconselhava a trabalhar no Banco do Brasil quando crescesse.

Em uma relação que influenciava toda a família, perdi a conta das festas, jogos e papais noéis que vi nos eventos do banco. A cada natal as crianças tentavam adivinhar quem era o funcionário atrás da barba branca naquele ano. Como conhecíamos todos pelo nome, sabíamos que uma fantasia de profissão sempre esconde uma pessoa real com alma e coração.

Sem a necessidade de treinamentos, palestras ou técnicas de motivação, os funcionários se orgulhavam da marca que levavam, a qual lhes garantia o arroz com feijão, e o prestígio de sobremesa. Eram fiéis, e a fidelidade estava tão incorporada nas pessoas que ninguém falava em fidelização. Outros tempos, aqueles.

Apesar do desejo de minha mãe, para que eu trabalhasse no banco, acabei seguindo outros caminhos. Atravessei alguns invernos profissionais, sempre acompanhado da preocupação materna pelo agasalho que, profissionalmente, tinha outro tom:

– Meu filho, por que você não vai trabalhar no banco?.

A empresa hoje é diferente daquela que minha mãe conheceu, e nem poderia ser igual, porque o mundo mudou. As empresas, as pessoas, o mercado, tudo está diferente. Ninguém mais pensa em fazer carreira numa mesma empresa porque tudo é muito rápido e transitório. Os profissionais devem viver conscientes da necessidade de mudar, pois as empresas precisam se transformar.

O discurso do momento é fidelização do cliente, justo a ponta onde a relação é mais volátil e interesseira. Cliente quer a satisfação própria, só isso. Enquanto empresas fazem da fidelização uma estratégia de longo prazo, o cliente agarra a vantagem que estiver ao alcance da mão. Por isso investe-se tanto em fidelizar o cliente. Do lado deste, porém, a fidelidade é tão permanente quanto a chuva de verão cantada por Fernando Lobo.

Atrás do balcão, os valores continuam a ser os de uma relação duradoura. Ou pelo menos deveriam continuar os mesmos que meu pai conheceu na época e no banco onde trabalhou, e onde minha mãe sempre quis que eu trabalhasse. Ainda que alguns pensem que *"amores do passado, no presente, repetem velhos temas tão banais"*, empresas não são como chuvas de verão. Entre aquelas paredes há compromissos mútuos.

Não creio que empresa e funcionário possam ser *"amigos simplesmente, nada mais"*. É um relacionamento de muitas consequências, nada banais. Se presto um serviço a uma empresa, não posso considerá-la uma *"estranha no meu peito, uma estranha na minha alma"*. A menos que não a deseje mais.

Fidelidade hoje é um bem escasso, tão escasso que volta e meia precisamos recordar como cultivá-la. Estamos tão condicionados a conquistar na base da cotovelada aquilo que sacie nossos primeiros desejos, que acabamos pelados das mínimas virtudes e sem bolso para guardar o que não conseguimos reter: o relacionamento. Este é moeda, mas infelizmente só descobrimos isso na próxima volta que o mundo com certeza dá.

Gosto de vestir a camisa nos lugares e empresas onde trabalho, ainda que seja pelo prazo que dure uma palestra, um treinamento ou uma consultoria. Ali meu vocabulário adota "*nossa* empresa", "*nosso* produto", "*nosso* problema", "*nossa* estratégia". Entro numa relação harmônica de interesses comuns a fim de oferecer uma fidelidade que gere confiança, essa fiança mútua que garante o relacionamento.

Os tempos mudam, mas as necessidades das pessoas continuam as mesmas, sejam estas físicas ou jurídicas.

Todas precisam manter um relacionamento de fidelidade para complemento mútuo, uma investindo na outra. Meu pai sempre investia na mesma empresa que o vestia.

Nas minhas andanças, talvez um dia preste algum tipo de serviço no mesmo banco para o qual meu pai trabalhou. Se acontecer, já tenho meu plano traçado. Tirarei do baú algo que minha mãe sempre quis ouvir, só para não deixar o momento passar em branco. E de um cantinho qualquer, ligarei dando a notícia: *"Mãe, estou trabalhando no banco."*

Só para mostrar que fidelidade sempre traz alegria, ainda que tardia.

## Ao mestre, um carrinho.

O MENINO TINHA os olhos fixos nas mãos do avô. Seu pescoço esticado tentava compensar os menos de quatro anos de estatura. Aquela oficina improvisada no quintal era seu reino encantado e o passatempo do aposentado.

– Por que você está fazendo esse furo? O que vai fazer com o parafuso? Para que serve essa ferramenta? – cada pergunta era o sinal para mais uma aula.

Meu sobrinho parou, pensou e sonhou, rompendo trinta segundos de um raro silêncio:

– Vovô, se eu tiver duas tábuas e um pedaço de vidro, vou fazer um carrinho de pipoca.

Meu pai sorriu e aparafusou a frase no coração. Aquela era a síntese, feita pelo garoto, da lição aprendida, e inflada pelo grande sonho de uma vida ainda pequena. Aprender e sonhar, são ingredientes de quem ousa e quer ousar.

Crianças aprendem e sonham vinte e quatro horas por dia. Até quando dormem não deixam de aprender com os sonhos, e é quando elas dormem que sonham os sonhos maiores. Sei disso porque era sempre mais difícil carregar meus filhos quando dormiam. Ficavam muito mais pesados.

A capacidade de aprender é subproduto da humildade, algo que as crianças podem nos ensinar, se quisermos aprender. Antes de ser mestre, preciso ser aprendiz, esticar o pescoço para enxergar mais, sem vergonha de perguntar. Por não saber, sempre que penso que sei, cai um problema difícil que jamais pensei precisar resolver, e é quando sou reprovado.

Quem pensa que sabe não aprende, não sonha novos sonhos, nem ousa novas ousadias. Considero meu diploma um atestado de incapacidade. Um documento que diz: *"Vejam! Foi só até aqui que o Mario chegou!"*. É a tentadora poltrona de uma etapa alcançada, quando aquela voz sem razão diz: *"Pare, você merece um descanso"*.

Peter Drucker disse que seus antepassados, que eram gráficos de 1510 a 1750, não precisaram aprender nada de novo naquele período. Nada mudava. Hoje a obsolescência está invadindo o conhecimento humano, e um testemunho disso são aqueles livros e manuais de software esquecidos na prateleira. Só é alguma coisa quem sabe, só sabe quem aprende, e só aprende quem não para

Aprender não é tirar um novo certificado de versão. É preciso uma atualização constante, formal e informal, que acrescente funcionalidades que a primeira versão não previu. Ainda me lembro da versão em que Mc Luhan apresentou a aldeia global da era da comunicação. Depois Alvin Toffler avisou que estávamos na era da informação. Aí veio Peter Drucker nos introduzir à era do conhecimento ou do capital intelectual. Agora chegamos a uma era que não era, mas sempre é. A do aprendizado contínuo.

Mas nenhuma escola consegue nos preparar para um futuro que não foi inventado. Foi só na idade em que os médicos nos ensinam a falar números – *"diga trinta e três"* – que aprendi a usar um computador. Já o meu filho, na primeira foto em que ele aparece sentado em frente a um computador os seus pés mal tocam o chão. A tecnologia que ele irá usar aos trinta e três ainda não foi inventada. A que os filhos dele usarão, não foi sequer sonhada.

Em uma experiência em escolas, o professor perguntou à primeira série: *"Quem for artista levante a mão"*. Todos levantaram. Na segunda série, metade levantou. Só 30% na terceira e apenas dois alunos levantaram a mão na sexta série. Será que o salto alto do saber inibe a capacidade criativa? Não responda. Nem eu, nem você, sabemos a resposta.

Nossa avaliação pode estar errada, como a avaliação do pai que vi numa na propaganda americana na TV.

– Pai, quero ser professor. – diz o menino entusiasmado.

— Por que não quer ser médico? — sugere o pai, dando a entender que essa profissão é mais importante e lucrativa.

– Mas não é com os professores que os médicos aprendem? — indaga o pequeno encerrando a conversa.

Aprendo, quando dobro a esquina do que sou para encarar os desafios do que serei. Dobrar essa esquina exige flexibilidade, tanta, que o orgulho daquilo que já sei precisa ser dobrado junto, e aprendo que preciso me tornar aprendiz de um mestre avô, o grau mínimo necessário para se construir um carrinho de sonhos. Além de duas tábuas, um pedaço de vidro e a ousadia de quem ousa sonhar.

# Eliminando intermediários no contato com o cliente

NEM SEI COMO DESCREVER aquela sala de espera do consultório odontológico. Era tão escura que demorei a perceber que estava só. Na janela, grossas cortinas de veludo só viam a luz do sol pelas costas. Do lado de dentro, uma lâmpada prisioneira tentava em vão esticar seus raios por entre as barras da cela formada por seu lustre, que mais parecia uma masmorra de vidro cuja cor ia do verde-petróleo ao breu, e pingentes cor de asa de graúna.

O cenário dantesco não estaria completo sem as duas enormes caixas de som vomitando rock, talvez para abafar os gemidos da sala ao lado. Se aquela era a sala de espera, a próxima era a de torturas, a julgar pelo que

vi. Ou não vi, por absoluta falta de luz. Universitário e desconhecido em terra estranha, fui parar no dentista barato de um casarão no centro de Santos por sugestão de alguém que o conhecera quando ainda era criança. Provavelmente não viu no que se transformou depois que cresceu.

E como cresceu. Se existia um ser humano atrás daquela barriga, estava em total desvantagem. As frestas em sua camisa branco escuro, cujos botões se agarravam desesperadamente às casas, deixavam entrever uma amostra das redondezas do seu ventre. E foi essa a única parte da anatomia que apareceu na porta quando o dentista grunhiu:

– Próximo!

Tremi.

Em minhas crônicas e palestras sobre atendimento ao cliente, uso histórias reais para ilustrar algo de positivo. Mas esta é negativa demais até para isso. Vou limitar-me a contá-la, esperando que você consiga extrair dela um grama de aprendizado de como tratar seus clientes. Ou uma tonelada de como não tratá-los.

No atendimento ao cliente, a primeira impressão é a que fica; a segunda, é a que vai embora para nunca mais voltar. Naquele dia não fui embora, e até hoje me arrependo. Sua sala de espera, seu site, showroom ou call center criam a primeira impressão que seus clientes terão do que os espera. Se você conseguir imprimir logo no cliente a sensação de que todo o suor gasto em seu negócio foi para tornar a vida mais fácil para ele, terá cumprido boa parte de sua missão.

Justiça seja feita, suor era o que não faltava naquele dentista. Empapava a camisa, com direito a bônus extra nas axilas. A não ser pela caveira sobre a mesa desarrumada, seu consultório pareceria normal a qualquer pessoa que tivesse vivido um século antes ou fosse parente da *"Família Adams"*. Não vi uma secretária ou auxiliar, mas evitei associar o fato à presença da caveira sobre a mesa.

Minha estupidez fez com que eu voltasse outras vezes para completar o tratamento, se é que podemos chamá-lo assim. Nunca vi outro cliente. Quando ele abria a porta e chamava *"Próximo!"*, eu nem imaginava o que teria sido feito do anterior. Antes que você me interprete mal, a caveira na mesa era sempre a mesma.

Aguardei com ansiedade a vez que seria a última, apenas para colocar o bloco naquilo que havia sobrado de meu dente. Numa tentativa prévia, com a perícia da pata de um mastodonte, o Dr. Troglodita havia quebrado parte do dente ao tentar encaixar o bloco usando um martelo desses que o médico usa para bater no joelho. Se fosse no joelho, eu teria chutado, e não teria sido por reflexo não. Com o dente quebrado, ele foi obrigado a refazer o bloco, e nem pensei em reclamar, já que o resultado tinha um valor agregado cada vez maior. Menos dente e mais ouro.

Com o esforço para encaixar o segundo bloco, a criatura começou a suar ainda mais. Sim, havia mais suor guardado naquele barril para ocasiões assim. Por alguns momentos ele saiu de meu campo de visão, abandonando-me na cadeira. Teria ido buscar um novo instrumento de tortura? Aquela montanha de dentista retornou alguns segundos depois, mais à vontade e com os movimentos mais soltos. Em poucos minutos encaixou o bloco no lugar, enquanto eu tentava me esquivar das gotas de suor.

Mas era impossível me mover. Sua mão esquerda mantinha minha cabeça devidamente imobilizada com a bochecha espremida contra sua barriga, enquanto a outra mão manobrava sob o céu de minha boca. Não, eu não estava com minha bochecha em contato com sua camisa empapada de suor. Pior. Para eliminar qualquer intermediário no contato com o cliente, ele tinha tirado a camisa.

# "Ora (direis) ouvir estrelas!"

*"Ora (direis) ouvir estrelas! Certo*
*Perdeste o senso!" E eu vos direi, no entanto,*
*Que, para ouvi-las, muita vez desperto*
*E abro as janelas, pálido de espanto..."*

**OLAVO BILAC NÃO USAVA WINDOWS,** mas já falava em ouvir estrelas abrindo janelas. *"Todos conhecemos clientes que desejam um produto cinco estrelas, mas que possuem uma mentalidade três estrelas"*, afirmou Arnold Chan, especialista em iluminação de hotéis. Se vamos falar de clientes, vamos falar baixo, pois algum pode escutar. Portanto, feche a porta e a janela. Se estiver lendo esta crônica em seu micro, feche só a porta.

Será que há clientes três estrelas querendo serviços cinco estrelas? Bem, às vezes sim. Aquele garotão que critica o Brasil por estar no terceiro mundo, enquanto joga sua lata de cerveja vazia pela janela do carro, é um exemplo. Típico comedor de mortadela que arrota peru. Mas mesmo que todos os clientes fossem assim, as empresas deveriam procurar exceder as exigências dos mais exigentes. Incluam-se aí os hotéis, de poucas ou muitas estrelas.

Não sou cliente exigente. Minha única exigência neste momento é uma tomada de telefone para conectar meu notebook à Internet. No hotel onde estou hospedado pensaram em tudo: na TV a cabo, frigobar, som, secador de cabelo. Até no sabonetinho e no xampuzinho, desses que a gente coleciona, mas não admite. Só não pensaram numa tomada de telefone para o meu notebook. Acaba de me ocorrer uma dúvida: para o hóspede, de que servem as estrelas?

O gerente informou que havia uma tomada extra no banheiro. Imagine se vou trabalhar sentado na privada com meu notebook no colo! Seria um trabalho literalmente feito nas coxas. Aliás, a expressão costuma ser deturpada por quem não sabe que sua origem está nas antigas telhas coloniais, mal-feitas e irregulares por serem moldadas nas coxas dos escravos.

Meu faro me diz que banheiro não é o melhor lugar para se trabalhar. Descubro que há uma ligação para telefone atrás do criado-mudo e decido afastar a cama. Péssima idéia. Agora sei onde é o esconderijo da faxineira. O que será que ela pretende fazer com aquilo tudo, uma peruca? Agora só falta ligar na corrente elétrica. Você adivinhou. A tomada de força fica na parede oposta. Agora exageraram – há duas! Posso escolher entre a da TV e a do frigobar.

Por pouco o fio não dá. Inauguro meu novo escritório equilibrando o notebook sobre uma pilha de travesseiros. Entre fios esticados, ele mais parece uma peça de roupa no varal. Usando a única opção do local, que é a conexão discada, conecto num provedor grátis e aguardo alguns emails importantes, enquanto arranco os cabelos do peito com pinça. É que meu modem apenas goteja as enormes mensagens publicitárias e os arquivos motivacionais em Power Point que recebo de amigos que nunca vi. Só servem para desmotivar.

Será que os hotéis não estão preparados para o futuro do presente? Não. Nem as lojas, fábricas e empresas em geral, que o digam os vendedores que já carregam um notebook e precisam transmitir pedidos para a matriz. Um amigo diz que muitos vendedores são avessos a tecnologia e não saberiam o que fazer com uma tomada de telefone juntinha a uma de eletricidade, ou nem mesmo com uma tomada de rede ou ponto Wi-Fi. Devem ser profissionais três estrelas ou menos.

Talvez estejam traumatizados. Foram mal assessorados por técnicos de informática que fazem questão de manter o resto da empresa na mais tenebrosa e medieval ignorância. Você deve conhecer pessoas assim. São profissionais que não querem perder as honrarias que os nativos lhes rendem, quando se aproximam para consultar os oráculos que eles recebem diretamente da temida deusa Mainframe, no assustador Templo de CPD.

Do mundo acadêmico às empresas, passando por hotéis, devia ser obrigatório simplificar, traduzir e descomplicar. Além de colocar tomadas de telefone e eletricidade em locais acessíveis, de preferência sobre uma escrivaninha. Pode ser mania, mas adoro simplificar e digerir as coisas antes de colocá-las para fora. Em meu livro, *"Crônicas de uma Internet de Verão"*, fiz isso com a tecnologia da informação aplicada aos negócios. Descontraí o que causa contrações em alguns, daí o subtítulo na capa: *"Um livro de negócios para ler na praia"*.

Numa entrevista sobre o livro, descrevi seus capítulos como ideais para leituras rápidas, para aqueles momentos de *"Pensador de Rodin"* que todos nós temos, cujo modelo devia ser analfabeto ou apressado, já que não levou nada para ler. Gosto de ler e escrever textos fluidos e na medida exata. Nem mais, nem menos, fisiologicamente falando, e que não nos façam ver estrelas, talvez ouvi-las apenas.

Mas minha explicação não convenceu a jornalista, que cortou esta parte da entrevista. Fez bem, dirá você. Também não convenceu minha filha, que falou o que a jornalista talvez só tenha pensado:

– Mas pai, não era um livro para ler na praia?

# Trombeteando a cuíca

MARY STUART É UMA AMERICANA típica de meia-idade. Bem, digamos que minha amiga está mais para a terceira ou quarta metade da idade. Bem, digamos também que ela não seja tão amiga assim, já que só a conheço pelo caso contado por um amigo comum. O nome eu inventei, primeiro para proteger sua privacidade e tornar verossímil a verdade, e segundo, porque não faço nem idéia de seu nome real.

Um belo dia, ela e duas amigas da mesma geração – *"the girls"*, como Mary as chama – saíram às compras, no melhor estilo americano, com vestidos fora de moda e chapeuzinhos quase idênticos. Depois de abastecer de coloridas sacolas o porta-malas do velho Oldsmobile, partiram para o almoço habitual no restaurante usual.

Enquanto trafegavam por uma tranquila rua arborizada, ouviram um *"Thump!"*. Aproveitando os recursos multimídia que a moderna onomatopeia inglesa oferece, o som seguinte foi um *"Bump!"*. Quem estivesse fora do carro, teria escutado um *"Smash!"*, o último som que escutou o gato que devia estar na última de suas sete vidas.

Os octogenários olmos daquela *Elm Street* imaculadamente limpa desviaram olhar. Qualquer folha derrubada à guisa de lágrima mancharia a rua. As senhoras, tão idosas quanto as árvores e asseadas quanto o asfalto, decidiram colocar o gato morto numa sacola de grife e levá-lo para enterrar no quintal. Com o pequeno cadáver no porta-malas o féretro seguiu até o restaurante, onde decidiram que o melhor seria tirar a sacola e colocá-la sobre o capô, para evitar mau cheiro.

Não sei se aqui teríamos igual cuidado. Em algumas ruas seria difícil identificar o gato do resto. A preocupação com a limpeza pública nos países do hemisfério norte vem de toda uma cultura de cuidado com o bem comum, uma preocupação com o social que vai aos poucos impregnando empresas de lá e de cá, com ou sem sacolas de grife.

Mas como é que o social chega a comover grandes corporações que saem por aí plantando árvores, cuidando de crianças ou distribuindo casas? Segundo Adam Smith, *"não é pela benevolência do açougueiro, do cervejeiro ou do padeiro que nos é garantido o jantar, mas pelo egoísmo deles"*. Ou empresas existem para quê?

Ah, sim, existe a pessoa física do empresário, com motivos humanos para limpar a consciência importunada pela fumaça das chaminés, e que tira da rua os gatos que atropelou ou não. Neste caso, é ao pequeno que está preocupado com o social que cabe o crédito real. O pouco que ele faz é muito, se comparado às grandes corporações e valerem as intenções. Para ele, será difícil recuperar o que gastar para reparar o bem-estar.

Acompanhe meu raciocínio, mas não muito de perto, pois posso estar errado. Quando o grande investe milhões no social, investe outros milhões no marketing do social, que revertem em duplos milhões para sua razão social. Dá, toca trombeta e arrecada. *"Play it again, Sam"*.

Já o pequeno, quando investe seus centavos no social, fica sem ar para tocar trombeta e capitalizar em cima da ação. Nenhum outdoor, nenhuma nota na imprensa e muito menos reclames na TV. Para as empresas liliputianas, marketing social significa contas a pagar, nunca a receber, dinheiro que é jogado no olvido por empresários sem boca. Pergunte ao Aurélio se achar que errei.

Mas com a Internet é possível fazer marketing social sem atropelar o orçamento. Seu grande poder de propagação consegue tirar som de trombeta até de pele de cuíca – os gatos que me perdoem. É na Web que você consegue imantar sua ação e atrair simpatizantes que passam sua sacola e grife de mão em mão. É claro que alguns irão levá-la por mero interesse, como predadores da boa ação alheia, como aconteceu no estacionamento.

Pela vidraça, as velhinhas viram a madame chegar de carrão, colares e anéis. A sacola de grife pousada sobre o capô atraiu o rímel de seus olhos. A madame olhou para um lado, depois para o outro, e discretamente passou a mão na alça e entrou no restaurante sem perder o charme.

Sobre os chapeuzinhos das velhinhas o balãozinho dos pensamentos era um só: *"I can't believe!"*. A madame escolheu uma mesa próxima das velhinhas, sentou-se, pousou a sacola no chão ao lado e discretamente enfiou a mão, tateando a pele de seu interior. Seria uma estola?

Quando a mulher ergueu a mão, a cor de seu rosto foi ficando cada vez mais distante da cor do sangue que via em seus anéis. ***"SQUEEEEAAAAK! Crash! Smash! Crack!..."*** No restaurante, foram muitos os ruídos anglo-saxônicos que se seguiram ao grito de cuíca e desmaio da madame.

Antes que todos terminassem de exclamar *"Oh my gosh!"*, ou você conseguisse dizer *"through unconstitutional means"*, os para-médicos chegaram, ataram a mulher a uma maca e dispararam com ela em direção à ambulância. Isso depois de terem tomado o cuidado de acomodar cuidadosamente sobre sua barriga a sacola onde julgavam estar as compras da mulher.

Enquanto isso, três pares de olhinhos, que sorriam brejeiros, apenas acompanhavam contentes o desenrolar dos acontecimentos. Estava cancelado o funeral.

## Nem tudo que reluz é ouro

JOVEM UNIVERSITÁRIO, dezenove anos, simpático, condução própria, procura garota para relacionamento afetivo. Eu me sentia assim, quando o recepcionista do Casa Grande Hotel, no Guarujá, abriu a porta de meu Corcel 74 para eu descer. A garota, colega de faculdade que passava as férias na mesma cidade, estava hospedada ali e aceitara meu convite para uma tarde juntos. Meu sonho se transformava em realidade.

Nem bem a recepção anunciara minha chegada, vi um membro da tropa de batedores marchando em minha direção. Era a mãe da garota, vindo fazer o reconhecimento do terreno. Logo percebi que nem a minha melhor calça boca-de-sino, e nem camisa justa ou o meio tubo de desodorante que gastei, iriam ajudar naquele momento. O negócio era apelar.

– Qual o seu nome? – começou o interrogatórioj.

– Mario Buzolin – respondi, limitando-me ao meu sobrenome do meio e fazendo cara de quem perguntava se tinha sido aprovado. Eu sabia que eles eram judeus e achei que a terminação "in" do sobrenome materno poderia soar mais familiar naquela hora do quebra-gelo. Felizmente a garota chegou antes da próxima pergunta. Teria ficado evidente que meu estratagema de tentar parecer o que não era tinha a solidez de uma geleia. O "Buzolin" de meu sobrenome não passava de um sobrenome italiano cujo "i" do final deve ter caído de algum ramo da árvore genealógica.

Empresas também costumam usar de estratagemas para parecerem o que não são, e a tecnologia tem ajudado. Antigamente era preciso investimento para se criar uma imagem respeitável. Sede própria, catálogos impressos, telefonistas, assessoria de imprensa, publicidade. Ficar conhecido no bairro já custava caro. Visto no mundo, impensável.

E hoje? Bem, com a tecnologia da informação ficou fácil trabalhar em casa. Qualquer um pode imprimir catálogos com qualidade fotográfica, ter uma telefonista digital, fachada na Internet e recursos de comunicação para falar até com Marte se lá tiver alguém para atender. Com pouco investimento é possível criar uma empresa que é um sonho. Literalmente falando. Ou um pesadelo, realmente falando.

Se por um lado a tecnologia esticou a perna dos negócios, por outro ela também encurtou a perna da mentira. Mentira agora tem a perna mais curta ainda. Por sua vez, os clientes têm igual poder tecnológico para recomendar ou arrasar, só que multiplicado pelo número dos que são ludibriados, infinitamente maior do que o das empresas que ludibriam.

Credibilidade é fruto de habilidade edificada sobre o alicerce da verdade. Quando visito um cliente, quero conhecer que lastro de realidade existe por trás de sua capacidade. Meu avô já dizia que nem tudo que reluz é ouro e nem todo sapato é de couro. Se eu não ficar convencido, será que consigo convencer alguém com a estratégia de comunicação que ele quer contratar?

Consigo, mas não devo. Quando jovem, trabalhei em vendas para uma empresa cujo catálogo estava visivelmente ultrapassado. As fotos eram de pessoas da década de quarenta, mas a empresa não era tão velha assim. Descobri depois que era tudo forjado, até a foto da fábrica, que nunca existiu. Solidez e tradição, só mesmo na aparência dos impressos.

Alguém poderia chamar isso de marketing, mas não é. O verdadeiro marketing procura dourar, não a pílula da ilusão, mas os resultados de uma solução. É todo um processo que visa criar valor para o cliente. Em minha profissão corro esse risco de parecer o que não sou. Por me valer das letras, da oratória e da tecnologia da informação, há quem pense que sei mais do que conheço. A tentação de me deixar embalar nesse regaço é grande, e às vezes me pego cofiando a barba de uma sabedoria emprestada.

Como a barba do irmão daquela garota. É, além da mãe, ela tinha um irmão. Garotas despojadas de acessórios e vínculos você só encontra no cinema. Na vida real elas saem de fábrica com sogras, irmãos e cunhados. E foi na fila do cinema que eu e a garota acabamos encontrando seu irmão, o jovem que eu sonhava ter como cunhado. Ele estava ali tentando entrar para assistir um filme proibido para menores. Sim, ele era menor.

Tão menor, que parecia precoce com aquela barba por fazer, cujos pelos, quando vistos de perto, pareciam ter crescido nas mais impossíveis direções. A irmã não quis se privar do prazer de me contar qual era o estratagema do garoto. Sua barba era, na verdade, uma mistura de cola e pó de barba retirado do barbeador do pai. Segundo o garoto, entrar no cinema com aquele disfarce era uma barbada. Acreditei.

E você, acreditaria se eu dissesse que a garota estava apaixonada? Estava. Ela transpirava isso por todos os poros. Seus olhos verdes brilhavam com o colírio da emoção. Sua pele, qual nuvem flagrada por tentar esconder o sol da paixão, denunciava um rubor só comparado à cor ruiva artificial de seus cabelos. E quando falava... Ah! Faltam-me palavras para descrever.

Talvez porque falar tenha sido o que ela mais fez. O tempo todo que esteve comigo ela só ficou falando de um tal fulano que conhecera uns dias antes e a pedira em namoro. O que eu achava? Sugeri que aceitasse. Devia ser um cara legal.

# Atendimento cinematográfico

**Duas horas e quarenta minutos.** Um filme tão longo quanto o vestido de Maria Antonieta, cujo farfalhar concorria com o ruído dos soluços da platéia, e dos narizes que teimavam em chamar de volta mucos fugidios. Em alguns minutos os olhos marejados do público poderiam ver a fria lâmina da guilhotina traspassar o pescoço da Rainha da França.

Aliás, Norma Shearer, que contracenava com Tyrone Power num filme produzido pela MGM em 1938. Dois milhões de dólares, noventa e oito sets de filmagem, cento e cinquenta e dois atores, milhares de extras, mil duzentas e cinquenta roupas e cinco mil perucas. Tudo para arrancar da plateia lágrimas aos borbotões na cena final da execução.

Mas cinco jovens queriam mudar aquele trágico desfecho, torná-lo mais alegre. Atentos ao comportamento de Maria Antonieta, viram quando ela subiu a escada do patíbulo, de costas pela plateia Observaram quando parou no terceiro degrau e se virou para o público antes de seguir para a morte.

Observar o comportamento é também um segredo do bom atendimento. Daquele que não leva o cliente às lágrimas, nem o negócio à morte, mas sabe quando e como agir. O bom atendimento usa palavras de calor humano, não a lâmina fria de um script decorado, sem anistia ou perdão. Como o que ouvi de um operador de call center, tentando vender os serviços de um banco.

Normalmente evito ser grosseiro com alguém que não tem culpa por ter sido mal treinado, por isso pedi a ele que pulasse para a última parte do script. Para minha surpresa, o rapaz obedeceu. Mecanicamente, epilogou sua fala oferecendo a visita de um gerente que só tomaria quinze minutos do meu tempo. Além da eternidade que já me roubara por falta de treino.

Treinamento é vital ao atendimento, além de inteligência, claro. Há quem gaste dois dias para treinar seus vendedores – um e meio para ensiná-lo a atender o computador e a cadastrar o cliente. Nada de errado até aí. Na última ida à floricultura, meu ramalhete murchou e quase perco a data do aniversário enquanto esperava a vendedora se lembrar da tecla que devia apertar. O meio dia que sobra de treinamento serve para aprender a agradar o gerente.

Com isso, atendimento ao cliente fica para ser aprendido na prática, na base da tentativa e erro. Uma tentativa, um erro, um ex-cliente. Outra tentativa, outro erro, outro ex-cliente... Se o movimento for bom, no final do dia o neófito se gabará de ter atendido cinquenta ex-clientes.

O bom vendedor é observador. Elê o cliente indeciso entrar na loja, porém não o aborda, ainda. O cliente entrou, mas está em dúvida. Com a sensibilidade à flor da pele, suas mãos estão dentro, mas os pés apontam para a saída. Um olho no produto, outro na porta. Se for abordado nesse momento, responderá logo: "Estava só olhando... E sairá correndo, sem nem mesmo fechar aspas.

É preciso dar tempo ao tempo, deixar a curiosidade do olhar chegar aos dedos do tatear e voltar ao cérebro como certeza de comprar. Produto na mão, o cliente levanta a cabeça e varre a loja com o olhar. É o sinal para que o vendedor flutue até lá, sem braços cruzados, gestos tresloucados ou discursos exagerados, mas com um sorriso no olhar. E a palavra certa, no momento exato, para desencadear uma reação que só aguardava o calor de uma atenção. Esse cliente compra e volta.

Como voltaram aqueles rapazes ao cinema na próxima sessão. A mesma Maria Antonieta, as mesmas duas horas e quarenta minutos, as mesmas cinco mil perucas. tudo igual, menos o final. A tristeza que dominava a plateia estava para terminar. Pela primeira vez, o final seria feliz, graças à observação e sincronismo dos jovens, que souberam esperar o momento certo para a palavra exata.

De costas para a plateia, Maria Antonieta chegou ao esperado terceiro degrau. Do fundo do cinema partiu o chamado:

— *Maria Antonieeetaaaaaa...*

A rainha da França obedeceu e virou-se para olhar.

— ***Não é nada, não!*** — desculpou-se a voz.

Como das outras vezes, o clássico da MGM levou a plateia às lágrimas. Desta vez, de tanto rir.

# Dieta de desinfoxicação

A VOZ NO TELEFONE era do repórter de um grande jornal. Era o terceiro, além de uma revista e outro jornal, que me entrevistava sobre o tema *"A perda do tempo causada pelo excesso de informação"*. O problema é tão sério, que vou dar aqui minha contribuição e ao terminar de ler você estará cinco minutos mais magro.

Quem viaja aos EUA descobre por que Hollywood decidiu adotar o *widescreen* ou tela larga. Se a população norte-americana continuar engordando, vão precisar de mais espaço para colocar os artistas na tela. Se a crise não atrapalhar, iremos pelo mesmo caminho.

Embora a moda do restaurante por quilo já tenha chegado aqui, o problema lá é o padrão de pesos e medidas que adotam. Para cada trinta gramas de arroz e feijão que o brasileiro come, o americano come uma onça. Quem não engorda comendo uma onça a cada refeição?

Mas, se peso a gente perde, tempo a gente não ganha. Perde tempo quem pensa que a tecnologia faz ganhar o que é impossível criar. O que a tecnologia faz é encher a mesa de opções que nunca cabem no pires que temos na mão.

Isso até nos agrada, nos dá uma falsa sensação de onipresença, onipotência e onisciência, enquanto vivemos à beira de uma *onifalência* nervosa, com dois olhos e dois ouvidos que tentam absorver tudo o que um único cérebro jamais irá processar.

Antes cara, o acesso à tecnologia hoje barata não para Em casa, no carro, na empresa, no bolso, no pulso, estamos imersos nela. Acreditamos que, do nada, ela crie mais tempo para comer, beber e descansar, por isso queremos sempre o último modelo de canhão, ainda que seja só para caçar passarinhos.

Enquanto os passarinhos esperam, passamos dias lendo o manual, examinando o CD Rom e procurando na Internet como configurar a mira. Quando Einstein disse que *"tudo deveria ser feito da forma mais simples possível, mas não mais simples do que isso"*, será que falava de tecnologia?

O excesso de tecnologia nos leva a outro excesso, com direito a rima: excesso de acessos. As possibilidades de acesso excedem a imaginação do mais assíduo e excêntrico asceta. Exceções à parte, somos assediados, ao mesmo tempo em que assediamos, numa escala em excepcional ascendência. Acabo de ter um acesso de excessos!

Com a Internet eu tenho acesso imediato a milhões de pessoas deste planeta e fora dele, se tiver alguém atendendo na estação espacial. E a recíproca também é verdadeira. Milhões de pessoas podem agora mesmo entrar em contato comigo para comprar meus serviços. Não que eu ache isso ruim, mas espero que elas venham uma de cada vez.

Excesso de tecnologia, gerando excesso de acessos, e criando um excesso de informação para ser lida, digerida, cuspida ou respondida. E eu ainda nem falei do telefone, fax, celular, pager, interfone do prédio e crianças de dois anos, todos exigindo uma resposta imediata.

Essa urgência o email conseguiu incorporar, graças à nossa curiosidade natural. Preciso responder logo para não morrer de vontade de saber o que meu correspondente irá responder, provavelmente num email com uma dezena de sugestões de links. Ah, os links!

Acabei de criar um que fez você correr para este parágrafo. É assim que funciona em redação, e é assim que funciona na Internet. Links são fios de infinitas meadas interligadas numa trama contra nós. Quem passou a vida enrolando, hoje navega desenrolando. Quantas páginas você visitará na Web antes de se dar por satisfeito?

Só o site de buscas Google.com tinha mais de um trilhão de páginas registradas da última vez que verifiquei. Ainda assim isso é uma fração da Web. Se conseguir visitar uma por minuto, passarei os próximo um milhão e novecentos anos navegando. Isto se ninguém me interromper no telefone, celular, Skype ou num chat qualquer.

Quando terminar, mal terei tempo para uma corridinha ao banheiro e já haverá um número infinitamente maior de páginas, opções de tecnologia, acesso e informação à minha espera. O que nos leva a outro problema: excesso de trabalho.

Processar informação exige trabalho. É preciso ter autocontrole. Passamos da fase de glutão de primeira vez em restaurante por quilo e chegou a hora de dizer não ao excesso de tecnologia para evitar o excesso de opções, acesso, informação e trabalho. Com todo esse excesso, confesso que me estresso. Estou confuso! Já nem sei mais se escrevo com *cedissa* ou dois *elhes*!

Por isso decidi escrever esta crônica à luz da janela e usando um bom e velho lápis. Nada de computador ou Internet, numa tarde de *desinfoxicação,* livre do vício tecnológico, isto se conseguir fazer minhas mãos pararem de tremer por causa da abstinência tecnológica. A verdade é que não estou fazendo isso por opção, mas escrevo assim por causa de um apagão.

## A par e passo com a oportunidade

O JOVEM ALBINO BUZOLIN estava inquieto. Da missa em latim, aquele descendente de italianos só entendia o *"Amém"*. Seus pensamentos voavam, competindo em leveza com as baforadas que escapavam do incensário que era balançado pelo sonolento coroinha. O único canto que chamava sua atenção naquele momento era o canto dos olhos. Este acabara de enxergar algo que fez o alarme de sua criatividade soar. A campainha do sonolento coroinha soou bem depois.

Meu avô fazia parte da geração de imigrantes italianos que deixara os cafezais do interior de São Paulo para se dedicar a pequenos ofícios na cidade. Mas há muito ele sabia que fabricar selas e arreios para cavalos era uma profissão que acabaria empacando com a buzinada do progresso. Os automóveis tinham chegado para substituir de vez as carroças e era preciso dar um passo decisivo na mudança de rumo dos seus negócios. Mas que passo dar?

Os pés da imagem! Ali estava a solução, bem ao seu lado. O escultor, que tentara reproduzir aquele frade canonizado, certamente havia começado pelos pés. Para meu avô era a única parte da imagem que tinha sido esculpida com esmero e uma prosperidade de detalhes nada franciscana. Mas a riqueza que meu avô enxergou não estava só nos detalhes das sandálias A verdade é que meu avô nem viu a imagem, só os pés. O resto parecia imerso na neblina censória de seu devaneio criativo.

As oportunidades estão onde e quando menos esperamos, mas estão. Oportunidades parecem existir independentes de nós, quer as vejamos, quer não. O que diferencia as pessoas é que algumas as veem, enquanto outras não. Mas dentre as que veem, temos ainda duas classes: das que as agarram e das que as deixam escapar. George R. Kirkpatrick dizia que temos duas extremidades: uma para pensar, outra para sentar. Nosso sucesso ou fracasso irá depender daquela que mais utilizarmos.

Acostumado a lidar com couro, tiras e fivelas, não foi difícil para meu avô fazer uma cópia mental das sandálias, as quais pareciam confortáveis até naqueles duros pés de gesso pintado. Não, ele não pretendia fabricar sandálias toscas para pés franciscanos, mas um modelo mais elaborado e feminino, que tampouco seria destinado às freiras. Albino e Maria Buzolin, minha avó, decidiram fazer daquele símbolo de humildade franciscana uma nova moda para as mulheres de sua época. Aquele foi o primeiro passo na transformação de sua humilde selaria de meia-sola numa bem-sucedida indústria calçadista. Um grande salto, sem dúvida.

As empresas passam, e não foi diferente com a indústria de meu avô, amalgamada numa fusão. Mas as lições de empreendedorismo e visão permanecem. Aquilo que muitos consideravam ordinário, símbolo de pobreza e despojo, transformou-se, nas mãos de um empreendedor e de sua esposa, em um grande negócio. De minha infância guardo a imagem de meu avô olhando para meus pés, sempre que me encontrava. Não só os meus, mas os de qualquer pessoa caminhando pela calçada. Desde que vira nas sandálias do frade uma oportunidade, passou a observar todos os pés em busca de aperfeiçoamentos para seus produtos.

Onde o salto gastava mais? Lá vinha ele, com uma nova ideia de salto. O couro dobrava demais durante o andar? Mudava o desenho, para não machucar os pés. As crianças tropeçavam? Resolveu o problema numa botinha com a sola curva na ponta. Nada escapava ao seu olhar. Coisas banais eram logo vistas como oportunidades por alguém acostumado a observar, em desprezados pés, negócios que poucos percebiam.

Meu avô não teve muitas chances de estudar, mas sempre seguiu à risca o que Doc Sane escreveu, mesmo sem nunca ter lido esta frase: *"A oportunidade é tão rara quanto o oxigênio, que todos sempre respiram, sem nunca perceberem que ele está ali"*. Acho que não herdei esta característica, pois sempre vejo as oportunidades pelas costas. Só as reconheço quando já não resta delas um fio sequer para eu agarrar. Preciso aprender a colocar em prática o velho provérbio búlgaro que diz, "*Agarre a oportunidade pela barba. Vista por trás, ela é careca*".

# Desculpe. Foi e-Engano.

TODOS COMETEMOS GAFES, até chefes de estado, alguns deles pelo simples fato de se candidatarem. No funeral de Charles De Gaulle, Richard Nixon declarou ser aquele um grande dia para a França. Uma vez Jacques Chirac disse que estava contente por receber o presidente do México, Fernando Henrique Cardoso. E Dan Quayle, ex-vice dos EUA, deu tantos foras, que só podia mesmo dizer: *"Mereço respeito pelas coisas que não fiz"*.

Mas não é só falando que cometemos gafes. Meu tio, fazendeiro, se arrependeu de ter levado um peão para jantar num restaurante de luxo. Primeiro, o homem atacou de garfo e faca aquele rolinho de guardanapo fumegante. Depois, tomou duas colheradas da lavanda.

Em um velório um tipo assim é capaz de assoprar as velas, cantar parabéns e cortar o morto.

Também já cometi outras gafes, além de escrever crônicas como esta. Das férias de infância em Águas da Prata, me recordo do almoço na casa do filho de um rico empresário de São Paulo. Fiz tudo direitinho, imitando o que os outros faziam, até chegar a sobremesa: mangas descascadas que os comensais começaram a chupar segurando com as pontas dos dedos. Ainda imitando, deixei de lado os talheres de prata e segurei a lisa com ambas as mãos.

Segurei não, apertei com força para disfarçar as mãos trêmulas. *Vupt!* Depois de bater em meu pescoço, como bola na trave, a manga fez gol na gola da camisa. O século seguinte eu passei caçando uma manga que fugia sob minha roupa, ao som nada aristocrático das gargalhadas presentes.

Com a tecnologia o dano causado por nossas gafes ganhou um palco. No filme, o palestrante vai ao banheiro com o microfone de lapela ainda ligado, para o delírio da plateia. Como a vida imita a arte, também já fiz isso no intervalo de uma palestra. Felizmente desliguei a tempo, e meu público pôde continuar dormindo sossegado.

O email foi inventado para cometermos gafes a nível global. Não raro esse garoto eletrônico de recados levar a mensagem para a pessoa errada. Ou para a multidão errada. Nos EUA, um relatório médico reservado sobre problemas mentais de quarenta cadetes de uma academia da força aérea, foi parar na caixa postal dos outros 4.400 cadetes. O médico digitou um endereço de distribuição coletiva, ao invés de digitar o email do colega.

Enviar email é como espirrar. Você nunca sabe quem irá contaminar. Qualquer um pode, por engano ou má fé, remeter um email seu para todos os habitantes deste planeta. Ou de outro, se a pessoa que você criticou morar lá.

Mas gafes de email são cometidas também por pessoas bem-educadas que desconhecem regras de etiqueta na Internet. Costumo receber emails de pessoas que GRITAM COMIGO porque não sabem que escrever com maiúsculas é GRITAR. Outras são rudes em suas brincadeiras, por desconhecerem que a palavra escrita não vai acompanhada da expressão facial que está dizendo: "É brincadeira".

E os boatos! Quanta gente cai e passa adiante! Dinheiro grátis, celular de brinde, vírus letais, roubos de órgãos, crianças doentes. Confira antes de replicar. Cada vez que você passa adiante uma informação falsa, sua reputação vai junto. Se o boato envolver pessoas ou empresas, você ainda corre o risco de sofrer um processo. Algumas empresas já adotam medidas preventivas para evitar o mau uso de seus endereços corporativos. Uma é a adição, no rodapé da mensagem, de uma nota eximindo a empresa de qualquer responsabilidade caso o funcionário utilize mal o email.

Outras procuram instruir seus funcionários para os riscos de se enviar mensagens para a pessoa errada. Quando isto acontece, utilizam uma mensagem padrão que é enviada ao funcionário que cometeu a gafe. Trata-se de uma espécie de puxão de orelha eletrônico.

Recebi, e guardei, uma que dizia assim: "*Considerando que o endereço 'todos@......' é distribuído a todos os funcionários da empresa, inclusive diretoria e gerentes, da próxima vez TOME MUITO CUIDADO quando enviar uma mensagem. Envie sua mensagem apenas à pessoa interessada e só envie a outros quando REALMENTE existir interesse coletivo*"

Essa bronca chegou à minha caixa postal e não entendi a razão. Escrevi ao remetente perguntando de que se tratava e, no dia seguinte, recebi um email com um pedido de desculpas. Explicava que a mensagem era para ter sido enviada a outro Mario.

# Infodifusão — A mídia ao rés do chão

MINHA AMIGA ESTAVA APAIXONADA. O americano seria o par ideal. Ele pensava o mesmo, ao escolher a primeira poltrona do voo que o faria chegar primeiro ao Brasil. O voo voou e ele achou que foi o amor, mas o piloto informou ser o vento de cauda. O rapaz não via a hora de pedir ao pai da garota sua mão e tudo o que estivesse ligado a ela.

Foi só colocar os pés no chão e descobriu o Brasil. De português, ele não sabia nem piada. Até "Brazil" só sabia falar com "z". Não deu tempo de estudar e qualquer curso, por mais dinâmico, intensivo e inventivo que fosse, seria incapaz de competir com a velocidade da paixão. Coisas do coração.

O futuro sogro queria ouvir português claro. Não deixaria ir embora a filha, nem o resto dos cabelos que ele ainda tinha, sem ter todos os pingos nos "is". Além das crases, cedilhas e tils, cuja falta faria acentuar ainda mais os caracteres da fronte grave do circunflexo e itálico ancião.

Se comunicação era um problema para o jovem do norte, hoje é uma questão que envolve pontos mais cardeais. Principalmente numa época em que o norte não mais norteia e o ocidente morde a língua em meio à confusão que permeia de línguas, povos e costumes que ganham voz.

O poder da *infodifusão* – o broadcast universal – outrora privilégio de magnatas, desceu ao rés do chão. Oras, veja você – ouça você, leia você – a comunicação global caiu no colo do mais comum cidadão. Quem de globo ontem só tinha o ocular, hoje pode ser nacional sem ser jornal. Isso inclui qualquer cidadão.

Minha mãe dizia que eu seria escritor, mas como poderia sem ter editor? A única coisa que tinha em comum com a mídia inacessível era meu apelido de infância: "Marinho". Eu ainda sou de uma época quando as crianças aprendiam a escrever. Hoje elas já aprendem a publicar.

Acabo de receber um email do editor de um boletim eletrônico semanal dizendo que minha coluna publicada ali está entre as mais lidas. Tiragem? Mais de um milhão e meio de exemplares semanais enviados a assinantes. E olha que nem sou mais o Marinho.

O privilégio não é só meu. Qualquer adolescente pode catalisar a atenção de uma audiência maior do que a de muitos jornais diários com um despretensioso *blog* – seu diário na Web, mesmo que não tenha dinheiro para comprar um jornal.

Não é novidade que a audiência dos noticiários vem caindo. As pessoas não querem o fato, mas o tato, cheio de cores e paixão, exatamente o que o adolescente consegue passar, à sua maneira e para a sua audiência.

A ânsia por um jornalismo imparcial gelou a alma do dito. Ninguém aguenta engolir fatos a seco, sem um gole de estilo, opinião e fantasia, principalmente fantasia. Mesmo porque todos sabemos que não existe notícia imparcial. Só por alguém decidir se o fato é notícia já deixa de ser imparcial de fato.

O adolescente que fala de seu dia-a-dia em um blog caseiro consegue anexar a alma ao que escreve. Sem ser big, nem brother, revela a intimidade da vida sem os esteroides de uma falsa informalidade. Notícia banal? Não mais do que aquela de ontem, que hoje jaz sobre o balcão do açougue, vestida daquela imparcialidade de estátua vendada que finge não estar vendida.

Enquanto a mídia convencional tenta resgatar audiência, uma nova geração doa o sangue para as veias da informação. No ataque ao World Trade Center, blogs caseiros bateram recordes de audiência transmitindo notas ao vivo, digitadas por olhos úmidos que viam tudo em cores de uma janela sem comerciais.

A solução para a mídia convencional – antes que mude o que é ser mídia por convenção – parece estar, não no resgate da audiência, mas no resgate da alma. Não numa reles transcrição fria do "quem, quando, onde, como e por que" mas na tradução dos fatos.

É claro que essa tradução não deve fugir da fidelidade, ou vitimará incautos, como vitimou o jovem e americano apaixonado, longe dos atentados, mas perto de um futuro cunhado. Sim, foi seu futuro cunhado quem se incumbiu de ensinar ao americano português suficiente para este pedir a mão da irmã.

Antes de entrar na sala, o rapaz decorou outra vez a frase anotada na mão. Então, quando todos fizeram aquele silêncio de zunir, ele encheu o peito, tomou coragem, engoliu, olhou nos olhos do sogro, engoliu mais três vezes e caprichou no script ensinado pelo cunhado:

– Sua careca é bonita.

# Sorria! Você está sendo filmado!

**O AVISO NA SALA DE ESPERA** chamou minha atenção. A lente de uma câmera impassível fixava em mim um olhar sem expressão. Ao contrário dos olhos da recepcionista, a câmera nem piscava. Privada de lábios, também não sorria. O que fazer? Sorrir? Não. Um sorriso iria parecer tão artificial quanto as pálpebras metálicas daquele olho de vidro.

Imediatamente mudei de posição. Descruzei a perna esquerda de sob a direita e cruzei a direita por sobre a esquerda, o que dava na mesma. Arrumei a gravata e passei a mão no cabelo para ajeitar uma mecha imaginária. Fingi lembrar algo importante e olhei o relógio, sem enxergar os ponteiros. Nem poderia, era digital.

Será que aquele olhar vítreo percebeu que eu analisava as linhas do rosto da recepcionista? O que a câmera iria pensar de mim? Espero que não venha a público minha obsessão pelos traços e riscos da expressão, resquício de uma mocidade desenhando retratos que passaram incógnitos por não serem falados. Ainda gravo traços por associação e desenho retratos mentais como distração.

O lábio superior, encimado por um pequeno "V" ligeiramente puxado em direção ao nariz, *"à la Nicole Kidman"*, foi o único vestígio da recepcionista que consegui rabiscar em minha prancheta mental. Os meus lábios? Agora sorriam para a câmera, um sorriso amarelo, impossível de ser registrado no vídeo branco e preto da segurança.

Não são só os lábios que deixam marcas. A voz, a roupa, a postura, a conversa, o que sei e o que ignoro. Todos nós deixamos pegadas, por onde quer que pisem nossos pés, toquem nossas mãos, ressoe nossa voz ou flua nossa emoção. Não somos invisíveis, insípidos ou inodoros aos olhos, paladares e olfatos que nos cercam. Nem impalpáveis ao tato, principalmente quando este nos falta. Deixamos um rastro por onde passamos marchando, o qual nem sempre é marca de perfume.

Se no passado nossa imagem permanecia na memória passageira, hoje há registros permanentes. O que escrevo fica perpetuado na rede mundial e será copiado, replicado, duplicado, e multiplicado à exaustão. De minha pena saem penas ao vento, letras que jamais conseguirei recolher. Como prato de sopa debaixo de goteira, servirá de inesgotável repasto e um dia voltará a me assombrar, vomitada pelo então intumescido ventre de meu passado.

Marcas são assim. Duráveis e permanentes, mais ainda se estiverem associadas a experiências boas ou ruins. Em uma sociedade obcecada pela qualidade total, desvairada por um desempenho excepcional, e ludibriada pelo respeito artificial, que poder não tem a imagem que é real? Imagem é como sapato: deve ser engraxada, escovada, polida e acompanhada de um bom papo, ou deixará pegadas sem brilho.

Será que deixei uma boa impressão naquela empresa? Não sei. Investi no visual, despertei o ouvinte que há em mim, segurei as rédeas do falante, medi cada gesto e procurei ser honesto. E saí, sem olhar nos olhos das câmeras, nem nos lábios da recepcionista.

No caminho o calor pedia – e a loja de conveniência oferecia – um refrigerante de trincar os dentes. Entrei sob o choque térmico de um ar gelado e o calor de um atendimento condicionado. Eu transpirava e a vendedora sorria por todos os poros. *"Espere até ela descobrir que vou pagar um real com uma nota de cinquenta..."*, pensei maldoso. Ela sorriu ainda mais, como se ficar sem troco fosse motivo de êxtase. Seria uma fada?

***"Sorria! Você está sendo filmado!"***.

Desta vez, percebi, o aviso não era para mim, mas para ela. A garota não tinha só quinze minutos de fama, mas oito horas diárias diante das câmeras, sem direito a Oscar. Por isso precisava sorrir, e como sorria! Tanto, que nem me lembro de seus lábios, só de seus dentes. Ou seria um colar de pérolas? Sessenta e três dentes? Não... acho que o número era par.

Saí levando aquela imagem de cordialidade gravada em minha mente. Profissional que era, ela deixara um rastro colorido ao incorporar o bom humor à sua postura. O resultado não era nem um pouco falso, artificial ou produzido à força. Quando é artificial fica fácil descobrir.

Os moranguinhos redondinhos, espalhados pelo gramado em frente à casa da fazenda de meu amigo Ronaldo, não eram naturais. Quando, de manhã, olhou pela janela, Ronaldo limpou os olhos e olhou outra vez para ter certeza. Sim, certamente eram artificiais. Tão artificiais como o vermelho nos lábios de suas cabras, vestígio do *happy hour* que elas certamente tinham promovido em redor da lata de tinta vermelha que Ronaldo tinha esquecido aberta no dia anterior.

# A gravidez da crise

MINHA FILHA PEGOU A CONVERSA pela metade. Enquanto fingia interesse nos brincos de artesanato, esticava as orelhas para ouvir as artesãs da praça.

— Só estou esperando nascer para dar para alguém — dizia uma, escondida atrás de uma gravidez já na prorrogação do tempo regulamentar. — Com dois lá em casa, não quero criar mais nenhum — concluiu sem nem mesmo enrubescer.

Será que a dificuldade cauteriza a sensibilidade? Este é um caso difícil de se julgar, principalmente quando temos só um átomo da conversa, roubado de um momento cuja extensão ignoramos. Não sabemos se foi a crise que levou a mulher àquele ponto e tampouco vimos o desfecho da história. É no epílogo que costuma estar a resposta para aquilo que consideramos o fim.

Em momentos de crise, perdemos de vista o que ficou para trás e o interesse pelo que vem depois. Ficamos ocupados demais com o momento e com a gravidade de seu intumescimento. Só vemos o lado sombrio das coisas, e o quanto ainda teremos de apertar o cinto. Nem sequer nos animamos com a possibilidade de sobrar material para dois cintos no final.

Nossa reação natural diante de algum vento econômico mais adverso é economizar. Começamos economizando o trabalho presente, enquanto arquivamos a experiência passada, que nos revelaria ser esta apenas mais uma dentre as crises futuras. As quais podem ser benignas e profiláticas, se aplicadas diretamente no ego da empresa. O vento que estraga o topete é o mesmo que move moinhos.

Não existe oportunidade se não existir adversidade. Quando tudo vai bem não há progresso real, apenas natural. Alguém já disse que a necessidade é a mãe das invenções, talvez por dar à luz a criatividade, filha que estimula as glândulas mamárias que sustentam o crescimento.

O problema é que a incerteza nos amedronta, pois não gostamos de hospedar o futuro que bate à porta. É um ilustre desconhecido, mas que nos torna aprendizes motivados à ação; uma visita oportuna, especialmente se o desânimo estiver em plena campanha pela eleição da nossa inanição.

Enquanto muitas empresas cortam gastos à luz de velas, fui contratado para falar aos funcionários de uma que está investindo na capacitação da equipe. É parte de uma estratégia que inclui a contratação de duas outras empresas para treinamentos em call center e segurança. Enquanto o mercado se posiciona, aquele pessoal aproveita para lubrificar a máquina.

Quando o meio de campo fica confuso, há quem permaneça alerta e acabe levando a bola, por isso os momentos de dificuldade também são momentos para reflexão, para olhar de fora e pensar no que mudar do lado de dentro. Não são os maiores, nem os mais fortes, que sobrevivem às crises. Os que permanecem são os que mais depressa se adaptam.

Mas mudança dá alergia em quem vive polindo as algemas dos velhos paradigmas. Como aconteceu durante a guerra civil americana, quando os soldados lutaram com as velhas armas de carregar pela boca ao invés de adotarem as já inventadas espingardas de cartucho.

Os oficiais – os CEOs daquela empreitada bélica – acreditavam que passar de três para quinze tiros por minuto seria um desperdício de munição. Tampouco queriam que seus comandados recarregassem as armas agachados ao abrigo de alguma pedra, como permitiria a nova tecnologia. Recarregar pela boca exigia que ficassem em pé, portanto visíveis ao comandante que podia mantê-los sob controle, apesar de ficarem vulneráveis.

Com um comando assim, ninguém precisa de inimigos, e com uma resistência ferrenha às mudanças, a empresa nem precisa de crise para sucumbir. O fim vem pelo clima de indiferença dos mais vulneráveis. A indiferença é um veneno que contamina e tira de qualquer um a expectativa de embalar nos braços o fruto de sua gestação.

Logo minha filha viu que aquele não era o caso daquela mãe. Ela estava certíssima ao decidir não criar mais um. Mas minha filha só descobriu a razão quando ouviu a conversa até o fim.

— Já é a segunda vez que a cadela vai dar cria. O jeito é dar o filhote para outro criar — concluiu a mulher.

Aliviada, minha filha descobriu que a crise era grave, *pero no mucho.*

Gostou deste livro? Entre em contato com o autor:

Mario Persona

contato@mariopersona.com.br

www.mariopersona.com.br

www.ingramcontent.com/pod-product-compliance
Lightning Source LLC
Chambersburg PA
CBHW022102170526
45157CB00004B/1448

* 9 7 8 1 4 4 9 5 0 8 5 4 8 *